すごい採用

「考え方を変えれば採用はうまくいく」

大谷昌継
Wantedly,Inc.

技術評論社

■免責

本書に記載された内容は情報の提供のみを目的としています。したがって、本書を用いた運用はお客様自身の責任と判断のもと行ってください。これらの情報の運用について、技術評論社および著者はいかなる責任も負いません。以上の注意をご承知の上で本書をご利用ください。

■商標について

本文中に記載されている製品などの名称には、関係各社の商標または登録商標が含まれます。本文中では™や®などの記載は省略しています。

はじめに

多くの会社が採用に苦戦する中でも、採用がうまくいっている会社はあります。採用に成功する会社は、会社側ではなく候補者側の視点に立って採用を考え直しています。このような、「新しい採用の考え方」はスタートアップなど、変化に対応できる企業の間では常識になりつつあります。このため、この本はスタートアップ企業の人事の方からすると、当たり前のことを書いているかもしれません。

しかし、これを行っている会社は少なく、私も前職の採用で上手くいってなくて途方に暮れていました。その時期に本書で書いている採用を行うことで大きく結果が変わりました。

本書では、採用市場で会社が選ばれるための考え方が学べます。考え方のベースには、ビジネスSNS「Wantedly」で培った知見やユーザーの皆様の事例、そしてウォンテッドリー株式会社自身の成功体験があります。この本を読んでいただいて、いくつか試す事によってあなたの会社も採用したかった人が入社してくれるように変わってきます。

ウォンテッドリー株式会社　人事責任者　大谷昌継

CHAPTER 1 採用の考え方を変える……9

CHAPTER 2

採用のスタートラインはどこか……49

CHAPTER 3

ファンづくりからはじめよう……91

CHAPTER

4

新しい選考のプロセスを知る……175

CHAPTER 5 採用の好循環をつくり出す……231

CHAPTER 1

なぜ優秀な人が来てくれないのか

採用の考え方を変える

CHAPTER-1

01

採用を阻む「壁」の正体

なぜ採用がうまくいかないのか

採用のよくある悩み

採用はほとんどすべての会社組織の課題です。どれだけ採用コストをかけても、自社にマッチした人材が来てくれない。複雑な選考プロセスで絞りに絞ったはずの人材が活躍しない。定着する社員を採用できない……。人事の悩みの大半は「採用でふさわしい人材が採れないこと」でしょう。

「人が採れない」、もっといえば「いい人が採れない」という人事の悩み。言葉にしてしまえば、あまりにも身も蓋もないものに感じられるかもしれません。しかし、私たちの仕事にとってはこれ以上なく切実なものです。

「採用は経営のセンターピン」と言われるように、事業を推し進めていく上では、業務を担う人の存在が必要不可欠です。事業運営に対する採用のインパクトが大きいからこそ、採用を原因に多くの企業では事業部と人事部のすれ違いが生まれます。「人が全然足りない。いつになったら採用できるんだ」「なんでこんなヤツを採用したんだ。ちゃんと面接したのか?」こんな小競り合いを職場で経験した人は少なくないはずです。事業に欠かせない採用がうまくいかない。いわば採用が会社のストッパーとなってしまうような状況が起こりえます。

課題は山積み、採用目標は迫っているとなると、人事部はまったくの無策というわけにはいきません。

求人広告、ハローワーク、人材紹介、思いつく限りの施策を試したはずです。しかし、結果はついてきません。欲しい人材に出会えないどころか、母集団形成(採用における応募者数の確保)すらおぼつかない。粘りに粘ってスキル・経歴ともに申し分ない人がようやく見つかったと思いきや、そんないい人を他社が放っておくわけもなく内定辞退の憂き目に。求人媒体の掲載費がかさむ一方なので、採用単価に折り合いをつけるために見切り発車で採用したら、採った人材が職場に合わず、早期離職や、最悪の場合には職場トラブルの源になることも……。

多くの企業はそれなりの人的、金銭的なリソースを採用に割いているはずなのに、なぜうまくいかないのか。理由は単純。採用における需給バランスが崩れているのに、旧来型の採用から抜け出せないからです。

少子高齢化とともに進む労働人口の減少で、採用市場では限られたパイの奪い合いが激化しています。若くて優秀な人材は年々、いや日々採用市場に出なくなりつつあります。

このような人口動態というマクロな課題があるとすると、採用難はどの会社も抱える問題で、解決の糸口はないのでしょうか？　そうではありません。労働人口が減り続ける採用市場においても、採用で成功している企業は多く存在します。

採用で成功する企業は何をしているのか？　大企業だったのか？あるいは知名度があったのでしょうか？　知名度や規模の問題ではありません。

リーマンショック後の混沌とした採用シーンにおいても、ベンチャー企業が数多く生まれゼロから組織を急成長させてきました。その一方で、有名企業が人員削減ばかりすすめて採用で成果を出せないというケースも数多くあります。

私たちウォンテッドリーは決して有名ではない、大きくない企業が採用に成功して事業を成長させていく姿を数多く目にしてきました。私たち自身、立ち上げ後しばらくは小さなアパートの一室で開発を続ける名もなきスタートアップ企業でした。それから10年弱の間に上場を経験し、100名を超える組織へと成長する過程のなかで、無名で体力のない私たちの企業スペックでは考えられないくらいの優秀なメンバーとの出会いの数々を経験してきました。採用と成長の好循環が絶えず行われ、ここまでの企業規模となったのです。

これらはすべて偶然の賜物でしょうか？　採用に成功し、事業をドライブしてきた、私たちウォンテッドリーの答えはNOです。

私たちには、確固たるチーム作りの哲学があり、その哲学を中心に採用における独自の戦い方を編み出してきました。最高の人材を採用するための戦略、いわば採用戦略が成功の陰にはあります。採用戦略は自社サービスの「Wantedly」にもそのまま活かされています。強烈なプレイヤーがすでにいる「採用」という分野で、4万2000社を超える企業に導入された実績は、採用戦略の持つ力の証左でしょう。メルカリ、DeNA、クックパッド……、多くの成功企業がWantedlyを通じて、私たちの採用戦略を取り込んで、「新しい採用」を始めています。

採用の「売り手市場」という言葉は、労働力の供給量に対して需要が上回っている状況、いわば求職者サイドが優位に立ち、より多くの選択肢を手にしている状態のことを指します。2010年代後半など好況期はよく耳にする言葉です。さて、「売り手市場」であるならば、求職者により良い条件をオファーできる「体力のある企業」こそが、採用競争の勝者であったはず。しかし現実にはその通りにはいかず、歴史・知名度ともに申し分なく、事業は黒字なのに人手不足で事業運営に支障をきたす企業が少なくありません。現場の人材不足で事業の成長どころか維持に手一杯なのです。

採用に成功する企業は何をしてきたのか。どうすれば、あなたの企業が採用で勝てるのか。小さな企業でも採用に勝てます。ただし、今までの、ただ情報を書いて待っているだけの採用では勝てません。本書では、成功する採用の方法論を学んでいきます。

採用市場に何が起こっているのか
―旧来の日本型採用の破綻

採用市場の現在

採用市場においては、働き手の絶対数の減少が大きな課題になっています。

■ 実質賃金（時給）と人不足の推移

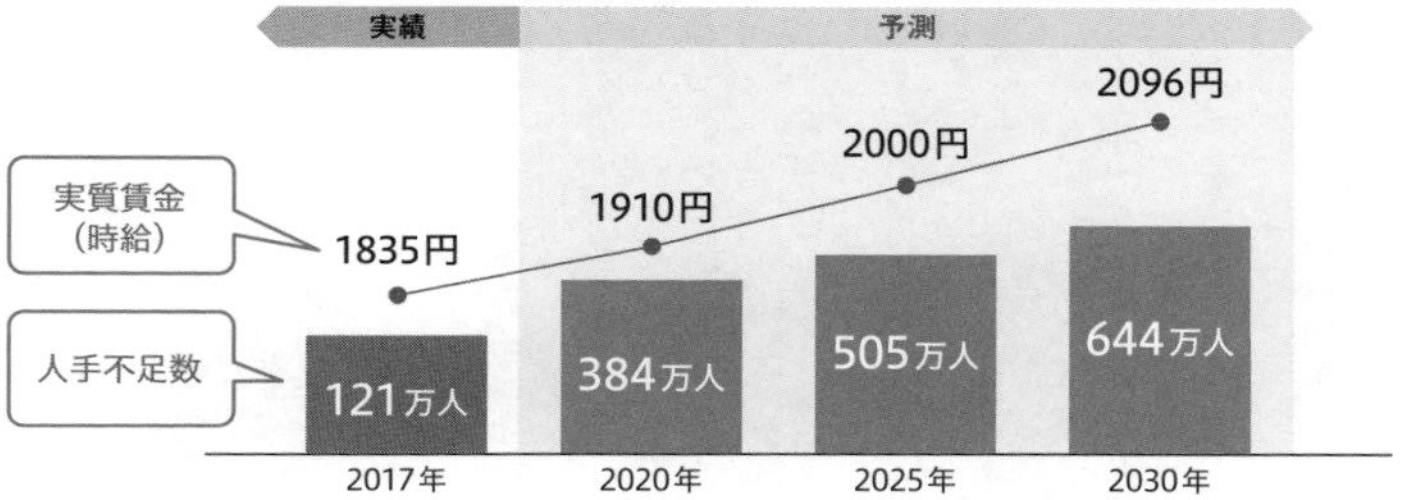

（出所：パーソル総合研究所・中央大学『労働市場の未来推計 2030』）

広く知られている通り、日本は少子高齢化が最も進む国の一つです。生産年齢人口は１９９５年をピークに減少の一途をたどっています。国立社会保障・人口問題研究所がまとめた推計によれば、ピーク時には８０００万人以上いた生産年齢人口は、２０３０年には６７００万人ほどにまで減少すると見込まれています。働き手の母数が減るということが、企業が労働力を調達する主な手段である「採用」にとって危機的状況を意味することは想像に難くありません。実際に、パーソル総合研究所は２０３０年には７０７３万人の労働需要に対して６４４万人もの人手不足が生じると推計していますが、これは２０１７年時点での人手不足数１２１万人の５倍以上にも及ぶ数字です。†１

需給バランスが崩壊することにより採用はどのような変化を強いられるか。わかりやすい足切りありき、数ありきでその中から適当にふるいにかけるという既存の採用手法は成功しづらくなってきています。

†1 パーソル総合研究所・中央大学「労働市場の未来推計 2030」（https://rc.persol-group.co.jp/thinktank/spe/roudou2030/）より。

いくつかの企業では出身校を採用基準にもってきていることがあります。いわゆる学歴フィルターのような足切りもあれば、「説明会にMARCH・関関同立以上の学生を前期から120%増の○○人集める」といった目標設定もあります。しかしながら、学生が年々減り続ける現在、「一定以上の学歴を持った学生」を集めようと思うとそれだけでも大きなコストがかかります。100人いる中から10人の人に興味を持って来てもらえばよかったものが、80人に10人、50人に10人と変わっていく。母数が減り続ける中で、同じ数を維持しようと思えば当然そのための労力も増えます。

もともとの目標設定やアプローチの仕方を変えなくては、採用に活路は見出せません。

ヒト余りの時代には、労働市場において企業が「選ぶ側」としての優位をふるうという特徴があります。応募条件から選考基準、採用判断まで、企業が設定したもろもろの基準に適うように求職者が行動し、自らをアピールする。企業は基本的には「待ち」のスタンスで候補者を募り、選考を通じてふるい落としていけばよかったのです。

企業が強く、求職者が弱い。この労働市場における力関係は、採用後の雇用形態にも大きく影響することになります。製造業モデルが支配的だった高度成長期以降の日本経済では、企業は労働力の一律管理のためにピラミッド型の組織（トップダウンで意思決定を行う階層型組織）を作り上げ、新卒一括採用によって若い労働力を囲い込むことに腐心しました。年功序列制による昇進や高額の退職金というご褒美のために自らすすんで「企業戦士」としての生き方を選択する若手社員、そして仕事の采配権を掌握しつつ自社への忠誠心を誓わせる経営層……個人に対して企業が優位に立つ雇用モデルにおいて、「一括採用」と「定着」は従業員・企業双方にとってメリットがあることでした。

しかし、労働人口の減少によってこうした「企業の優位」がいたるところでひっくり返りつつあるというのが、この人材難時代の正体です。つまり、求人の数と求職者の数の間のバランスが崩れることで、今や企業は「選ばれる側」の立場になったのです。それにより、合同説明会に出展すれば、あるいはエージェントに予算を渡せば、求めている働き手が自ずと集まってくれるような状況ではなくなっています。

新卒入社した企業に定年まで勤め上げることが当たり前だった時代も今は昔。「人生１００年時代」と言われるようになり、転職することが一般的になりました。いくつもの調査結果が示すように、昨今では若手世代を中心に人材の流動性が高まっています。

ライフスタイルの多様化に合わせ、個人が仕事に対して求めるものも変化しました。時間を「労働」に変えて漫然と切り売りするのではなく、本当に価値があると信じるものに使命を全うしたい。小さな会社でもいいから、若手のうちから裁量を持てる現場で腕試しをしたい。ワー

	人余り時代の採用 （1990年代頃まで顕著）	労働人口不足の採用 （2010年代以降に顕著）
企業のスタンス	選ぶ側・人が余っているので、ふるいにかけるというスタンスで採用すればおおむね成功。 転職については、そこまで積極的には行われておらず、社内人材を重視。	選ばれる側・人が不足するので、企業間の奪い合い。ふるいにかけようにも、そのための絶対的な応募者数すら足りない状況が多い。 どこも人手不足で転職によって人員を補充する状況になる。
求職者・社員のスタンス	選ばれる側・企業への忠誠度が高い 転職需要が旺盛ではないため、一度入った会社でキャリアを終える前提で考える。	選ぶ側・自分のキャリアを強く意識 転職需要があるため、自分のキャリア形成に対して不利な職場なら変えていくという意識が強い。

クライフバランスを保てる職場で、自分のペースで成長していきたい。働き手にとっての「憧れの企業像」がまだまだ均質的で、多少仕事に不満があっても給与のいい有名企業への入社が「勝ち組」の条件だった時代から、１００人にとって１００通りの憧れが存在し、それぞれが自由にキャリアを選択できる時代になっているのです。

私たちは自社の採用活動や他社の支援を通じて数えきれない20代ビジネスパーソンとキャリア観にまつわる対話をしてきました。10年後にはなくなっているかもしれない仕事に歯車のように組み込まれていくのなら、あるいは「配属ガチャ」（自分で配属を選べない仕組み）に運命を任せるくらいなら、自分の判断でスキルを培って、自分の仕事をコントロールできるようになりたい……そんな決意を、彼らの言葉の節々に感じ取ってきました。

これらの決意は若者のふらふらした、夢見がちな態度といったものとは違います。彼らは現実的な選択肢として、現代のキャリアの多様化を捉えています。世の中で「優秀な若手社員」としてイメージされるような、情報感度が高く、行動力の豊富な人ほど、自らのキャリアの選択肢を日常的に模索しています。

企業としては、今や求職者や社員の方が人材を受け入れる側よりも豊かな選択肢を手にしていることを自覚しなくてはいけません。自分の求めているスキルや経験がここで手に入るかどうか、今よりもキャリアにとってプラスとなる環境はないか、働き手によって入社前にも後にも厳しく見定められているのです。「置かれた場所で咲きなさい」といった親世代のアドバイスはもう届きません。彼らは自分が輝ける場所を勝ち取るという気持ちでキャリア選択を進めているのです。

かつての日本型採用とは求職者の考え方が大きく変わってきています。企業が「選ぶ側」から「選ばれる側」になり、求職者の仕事観が若い世代から徐々に更新されてきています。

もし、このような就職／採用市場の変化や、求職者のキャリア観の変化に気づかずにアップデートしないでいるとどうなるか。ここで、採用の未来における最悪のシナリオを見ていくことにします。

負のループはこうして生まれる

採用の最悪のシナリオ

採用における最悪のシナリオとは何か。それは採用母集団の規模をとにかく追うことです。応募者数をただ増やせば、その中に採用に値する人材がいるかもしれないというのは、「数を撃てば当たる」という場当たり的な戦略です。これはリスクに対する回避行動のようなもので、不安だから、いい社員が去年は採れなかったからとひたすらに採用母集団の拡充を進める方向に企業を突き動かすことがあります。

人を集めてふるいにかければどうにかなるという認識は改めなくてはいけません。特に、とりあえず説明会に人数を集められれば、エージェントからの紹介数を増やせば、最後には帳尻を合わせられるという思い込みには要注意です。

とにかく数を集めれば、その中にピンとくる人がいるはずだというのは、どこまでも確率論の考え方。この考え方は労働人口が減る時代との相性が最悪です。

採用担当者のＫＰＩ（Key Performance Indicator＝重要業績評価指標）として採用に関連するアクションの量、説明会の実施や面談の件数を追うこと自体は決して誤りではありません。しかし、応募者数だけを追い求めても、自社に必要な人材がその中にいるとは限りません。〇〇人からの応募を必達という目標設定が結果として、スキルがまったく採用要件を満たさない、キャリアの志向性が合わない、企業カルチャーになじまない候補者との接触を増やしているようでは本末転倒です。会社が必要としない人材、会社を必要としてくれない人材にどれだけ時間を使っても、いい採用にはつながりません。

これらはすべて、採用の現場に根強く残る「母集団信仰」が原因です。とにかく人を集めるだけ集めて、学歴などで足切りをして、そこからふるいにかけて残った人を採用すればうまくいくという前時代的な慣行です。

日本における母集団（エントリー数）信仰は、２０００年代初頭に就活・転職情報誌がオンラインの就職情報サイト（ナビサイト）へと移行し、求職者側のエントリーが大幅に効率化する中で強化されました。90年代までは求職者はハガキでの資料請求に始まるいくつものステップを経て応募していたところを、ナビサイトの出現によりクリックひとつで意思表示可能になりました。

大量のエントリーが集まるということは、それだけミスマッチが増えるということです。志

■「数頼みの画一的な採用」と「ピンポイントの丁寧な採用」

望度が高くなくてもとりあえず応募する人が増えますし、求職者の応募企業数が増えれば増えるほどあなたの会社は数ある中の一つになってしまいます。そして、大して志望度が高くない求職者のエントリーを選別するための手間が採用担当者の側にのしかかることになります。

結果として、多額の掲載費用をナビサイトに支払い、なんとなくでエントリーした応募者を書類選考や筆記試験でふるい落とすという現在の日本の採用慣習ができあがることになります。そしてエントリー数や説明会への参加人数、その昨対比が人事の社内評価基準となるような奇妙な文化が形成されていったのです。エントリー数や説明会への参加人数は追いやすい指標であることは確かです。しかし、これらの数字は本当に「採用」につながっているのでしょうか？採用において、本当に重要なのは「必要な人材を獲得できたか」の一点のはずです。

もしもあなたの職場で、年を追うごとに採用の難易度が高まっているのに、やっていることが変わっていないとしたら、自社が求める人材の絶対数は限られていることを意識してください。確率論ベースの考えで母集団を増やしても、結局自社にマッチする人材がその中に一定の確率でいるという保証はどこにもないのです。むしろ、労働人口減少時代に母集団を増やそうとすれば獲得単価がかさむだけでなく、ただでさえ忙しい採用の現場が自社にマッチしない人の選考を増やさざるを得ず、さらなる負荷がかかります。採用を頑張れば頑張るほど徒労になる……。そんな将来が容易に想像できるはずです。

負のループから抜け出すためにも、母集団信仰の裏にある「採用は確率論」という考え方を疑ってみましょう。合同企業説明会に出展したり、ナビサイトに求人広告を出稿したりといったメジャーな採用手法は、不特定多数の受け手に対して画一的なメッセージを発信することでエントリー効率（コストあたりのエントリー数＝応募数の効率）の最大化を図るやり方です。

しかし、こういったマス向けメッセージは「刺さりません」。メッセージの受け手となる求職者の「意欲」や「転職希望時期」、さらには「仕事選びの軸」といった要素はさまざまです。入社時期が同じ新卒生向けの求人メッセージでさえも、他社と似たりよったりな内容は響きません。こうしたやり方は企業にとって「賭け」の要素が強くなります。とりあえずで人に声をかけても、その人が自分たちに興味を持ってくれるかはわかりません。興味を持ってくれる人に当たるまでひたすらに、やたらに動き続けることになります。ここでも、数を撃てば当たるとばかりに、とにかく広告掲載数などを増やして関心を持ってもらおうという過当競争に陥りがちです。こういったいきあたりばったりの施策は、企業側の無駄の多さだけでなく、候補者にとっても負担を強いることになります。

エントリー効率を最大化したい採用担当者は、とにかく「応募数を増やすことだけ」を考えるようになります。そのため、入り口では「誰に対しても可能性がある」ようにアプローチします。結果として、学歴や職歴から書類で弾くことがわかりきっている候補者に志望動機を書かせる、そういった採用につながらない応募を限られたリソースで対応するといった不誠実かつ非効率なプロセスが横行します。

適切に選別できればまだいいほうで、こういった無闇な採用から入社に至ってしまう不幸も起こりえます。なんとなく「数」を追い求める採用スタイルの先に、本来なら志向性（指向性）が異なる候補者もすくい取ってしまいます。こうなると、入社後に「思っていたものと違った」というミスマッチが発生し、候補者のそれまでの時間や意欲をロスさせてしまうわけです。これによって無気力な社員、あるいは早期退職者が生み出されていきます。

なるべく多くの人に声をかけてふるいにかける、確率論的な手法では、母数となる労働人口の減少によるエントリー効率の悪化で、今後ますます採用が難しくなることは明らかです。

この情勢が明らかな以上、企業には限られた母集団の中で「採用のマッチング精度」を高めるための働きかけが求められることになります。

結論から言えば、採用でマッチング精度を高めるためには、候補者と企業との間にある共感を増やすことが鉄則です。本書でも後で触れますが、本選考フェーズに進む前にお互いのフィーリングを確かめるための「ソフトな選考（ソフトセレクション）」が必要とされるのは、これまで確率論に左右されていた採用領域に、共感を通じて少しでも確実性のある出会いをもたらすためでもあるのです。

CHAPTER-1

02

採用市場のパラダイム・シフト

量から質への思考転換

マッチする人だけに届ける

「採用は確率論であるなら母集団を増やせばよい」という思考に先はありません。それでは「採用マッチ率」に向き合うためにはどうすればいいのでしょうか。

結論はシンプルです。採用要件を満たす見込みのありそうな人だけにアプローチをかければよいのです。極論を言えば、一つの採用ポジションに対し、エントリーしたのが1人であったとしても、その1人が自社が探し求めていた人物で、熱量も高い、相思相愛の関係なのであれ

	旧来型のコミュニケーション	デジタルコミュニケーション
広告手法	テレビCMなど不特定多数に向けたマス広告	それぞれに最適化されたデジタル広告
コミュニケーションの方向性	画一的、最大公約数的なメッセージになりがち	個々人に向けた最適なメッセージが届けられる
	基本的には企業から個人への一方通行 リアルタイム性に乏しい	SNSなどよりリアルタイムに近い形で双方向でコミュニケーションができる

ば、採用は成功なのです。100人から応募があっても、自社にマッチする人材が1人もいなければ意味がありません。「**よりピンポイントな採用**」は本書が提案したい考え方の一つです。

「ごく少人数のエントリーで最高の候補者に入社してもらう」なんて絵空事のように聞こえるかもしれません。しかし、コミュニケーションの手段が発達した現代にあっては、こういった出会いも決して不可能ではありません。「企業優位」から「働き手優位」への労働市場の移り変わりに並行するようにして、デジタル化の進展が起こったからです。

現代はデジタル化によって、「1to1」「1on1」に近い形でコミュニケーションを取ることが可能になってきています。広告の分野では2019年にテレビCM費を、インターネット広告費が上回るという劇的な転換がありました。今まではテレビや街頭にとにかく広告を打ってコミュニケーションするという「数で勝負」だったものが、届けたい顧客のスマホにだけ直接広告を出すといった「マッチ度で勝負」の時代に変わりつつあるのです。

「伝えたい情報を、伝えたい人に届ける」ための情報伝達手段は、採用領域においても進化しています。もし就職情報サイトへの求人掲載で応募のミスマッチが起こっているのなら、そもそもの手段の見直しをしたほうがいい。「量」の不足を「質」が補完するような採用活動が求められる現代、技術の発展はこの思考転換を大いに助けることになるでしょう。

例えば、SNSアカウントで考えてみましょう。TwitterやInstagramはマスへのコミュニケーションの側面と、フォロワーに向けた閉じたコミュニケーションの側面があります。後者に注目して採用担当者の人柄が見える採用向けSNSアカウントをつくれば、今まではナビサイトからの画一的な発信だったのが、企業に興味のあるフォロワーに向けた、具体的な情報を提供できるようなります。情報を受け取る側は、今までの画一的なメッセージよりも、リアルな1対1の関係を感じられる発信を好みます。

技術者を採用したいのであれば、技術者が興味を持つような情報を発信すればいいのであって、それ以外の職種からの関心を得にいく必要はありません。ウォンテッドリーでは、エンジニア採用／デザイナー採用でそれぞれSNSアカウントを分けて運用しています。情報の受け取り手の属性を絞ることで、採用のための情報発信を絞って届けることが可能になるのです。

企業は商品、候補者は消費者

具体的な手段に踏み込む前に、私たちの提唱する新しい採用手法が「マーケティング」といかに共通要素の多い仕事であるかについて説明させてください。

厳しい表現をすれば、ヒト余りの時代の採用は「仕入れ」と同じ感覚で成り立っていました。つまり、求職者のプールが潤沢にある以上、その中から優秀な人材を選別する目利き力と、競合他社とのオファー競争に負けないだけの交渉力さえあれば、企業は望むがままに人材を調達することができたのです。求人票で魅力的な条件を提示し、ナビサイトや合同説明会で目立つ場所を取れていれば自ずと十分なエントリーが集まるという有利な状況にあぐらをかいた企業は、圧迫面接でストレス耐性を見極めたり、内定を強制的に承諾させるよう「オワハラ」をかけたりといった、求職者にとって1ミリもメリットのない行為もありました。いわば、「選考」という名を借りた殿様商売が成り立っていたのです。

しかし、繰り返し述べてきた通り、企業が商品と同じように「選ばれる側」にまわった現代に同様の思考法は通用しません。選考過程において「自社の都合」ではなく「候補者のメリット」に寄り添い続けなくては、選ばれる企業になることはできないのです。さらに重要なことは、「エントリーを募り選考でふるいにかける」ことに主眼をおいた採用手法そのものが、これからの世の中では成り立たなくなってきている。理想の人材に振り向いてもらうために、自社の魅力を日頃から労働市場に伝えていく努力、そして自社に入社することのメリットを候補者に発信する努力が必要とされているのです。いわば、人事の役割が「仕入れ」から「マーケティングと営業」に変わりつつあるのが採用の現在地点であると言えるでしょう。

家電を購入するときで考えてみましょう。一昔前であれば、消費者はテレビや新聞・雑誌等のマス広告を通じて商品名やブランドを認知したら、パンフレットや販売員の説明をチェックし店頭で実際に触れる程度で、購入へと至りました。消費者のニーズも現代ほど多様化していなかったので、価格面といった条件での優位確保や、広告や販売員の接触によるブランド形成ができていれば購入までの説得材料としては十分だったわけです。

しかし今では、その情報量で購入に結びつけるのは至難の業でしょう。製品の公式サイトで得られるスペックに加え、購入者の口コミ評価やレビュー動画、販売価格の推移、購入後のサポートや耐久性能に至るまで、膨大な情報を購入前にチェックできるからです。インターネットを通じて消費者が求める情報にアクセスしやすくなった分、購入までの意思決定において「この商品は本当に〝私〟が求めているものか」「この商品を購入することで〝私〟の生活は本当に豊かになるのか」と腰を据えて吟味できます。売る側と買う側の情報格差がなくなったことで、世の中で良いとされているものよりも、〝私〟にとって良いものを追求する余裕ができたということです。

まったく同じことが採用についてもあてはまります。大多数の求職者が「有名で条件のいい企業」への就職・転職を活動の成功としていた時代は、大学生がヨーイドンで就職活動を開始する就活解禁シーズンや、中途採用が活発になる期末や賞与のシーズンを見越して不特定多数のオーディエンス（情報の受け手）を対象に一発勝負で情報を届ける（＝求人媒体や就活フェアに予算を投下する）方法が一般的でした。

しかし、これからの採用に求められているのは、個々の採用ターゲットの行動パターンに向き合い、個々の〝私〟が抱えているニーズを踏まえたうえで「あなたが求めている仕事が私たちにはある」「あなたのような人こそ、私たちの環境で活躍する」と継続的にアプローチをかけ続けることです。どれだけマス向けに採用広告を打っても、「ブラック企業」としてSNSでたびたび話題になるような企業には人は集まりません。これは極端な例だとしても、どれだけマスなイメージ広告を打っても、SNSなどで求職者との関係を丁寧に構築してきた企業のほうが候補者からの志望度は高くなりやすいのです。

求人票に掲載された無味無臭な情報だけでは、個々の候補者の視点に立ってアプローチをすることはかないません。「私が望む仕事はこの職場にある」と思えるような、感情に訴える、共感を呼ぶ部分での差別化ができないといけないのです。

条件だけでは人は動かない

キャリア観が多様化するということは、一人ひとりの働き手がそれぞれ異なる意欲の源泉を持ち、仕事選びの軸も千差万別ということです。企業が選ばれるためには、自社の採用ターゲットが理想とするキャリアイメージと、自社の提供する機会との一致を魅力的に伝える努力が必要です。いわば、マッチングを前提としたコミュニケーションにすべてがかかっていると言えます。

しかし、こうしたマッチング前提のコミュニケーションは、一般的な採用慣習の中ではこれまで意識されてきませんでした。人材紹介やハローワークを利用した経験のある方であればご存知の通り、求職者が仕事選びにおいてまず提示されるのは求人票の山。その内容は業務内容や応募資格についての簡易的な説明に加え、給与・福利厚生等の条件など、通り一遍の情報の羅列にすぎません。

ここで求人票を手渡された求職者の視点に立って採用コミュニケーションの難点について考

えてみることにします。「同じような業務内容だけど、こっちのほうが福利厚生が充実している」「こっちの会社のほうが自宅に近いな」「あっ、この会社CMで見たことある」……まるで通販カタログをめくるように募集要項とにらめっこを続けた末に、脳裏に残るのは「条件」と「知名度」に関する情報だけ。

もちろん、求職者にとって魅力的な条件を提示できること、憧れになるような企業ブランドを持っていることは立派な企業努力の成果です。しかし、条件や知名度「だけ」に惹かれた仕事選びの先に理想的なマッチングがあるかどうか、「この会社が目指すもののために貢献したい」という気持ちが動くかは、求職者の心理に立ってよく考えてみる必要があります。

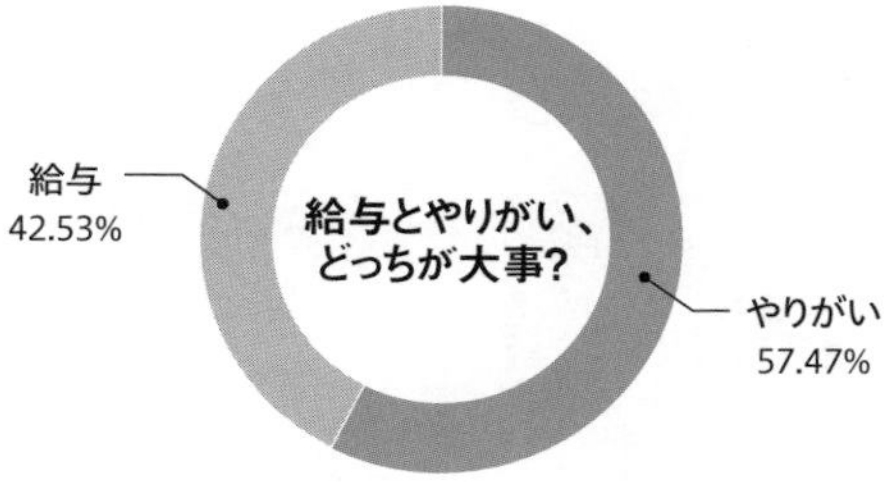

仕事選びのトレンドは大きく移り変わっています。Wantedly Visitという会社訪問サービスの利用者（主な利用者は20代〜30代のミレニアル世代）を対象に「給与とやりがいのどちらを重視するか」アンケートをとったところ、「給与」43%に対し「やりがい」が57%と大きく上回る結果が出ています。このサービスを利用しているのは比較的情報感度の高い層ですが、いわゆる若手の考え方を探る上では参考になるでしょう。また、マイナビの発表した大学生の就職観を

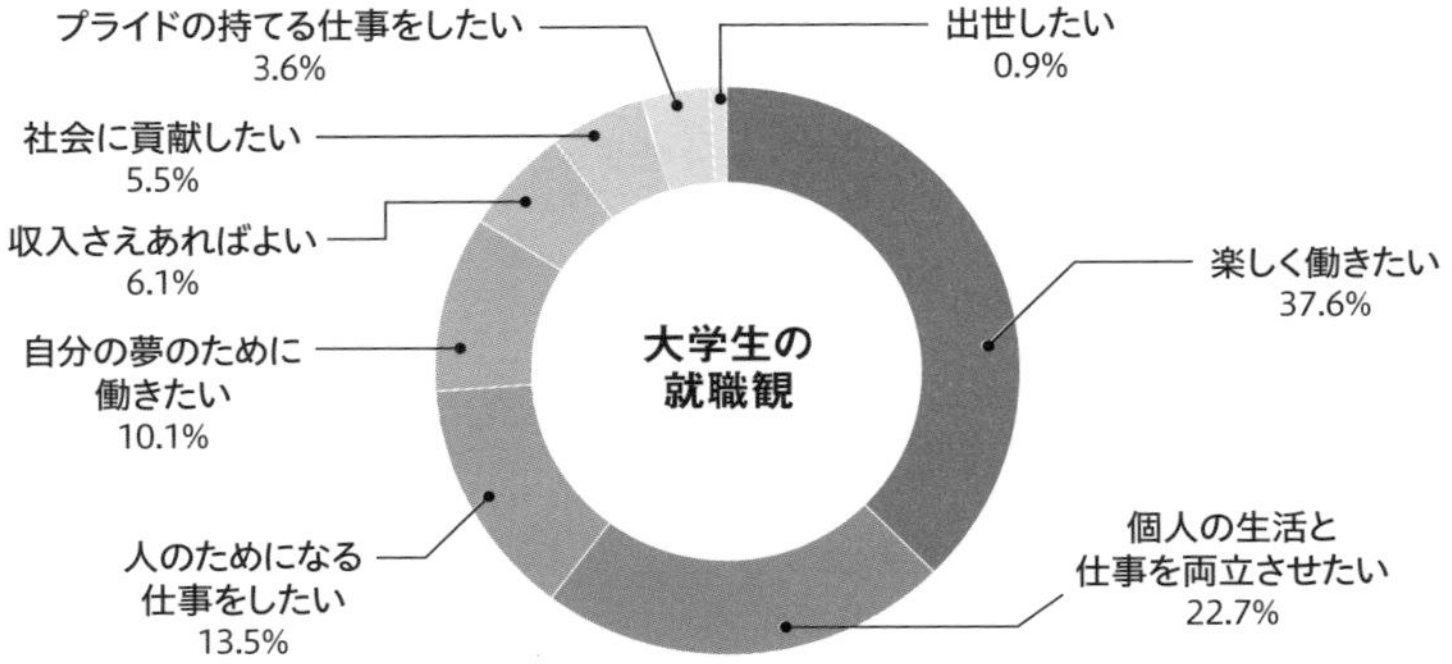

（出所：マイナビ 2023年卒大学生就職意識調査）

見る限り、「収入」や「出世」をモチベーションに仕事を選ぶ若者が圧倒的な少数派なのは疑いようがありません。

やりがい／給与、挑戦／安定……求職者が意思決定において何に重きを置くかは、就職活動時の景況感に左右されるところが大きく、今後の見通しとして定かなことは言えません。しかし、各種の調査が示すとおり、条件は想像以上に競争力の源泉になっていないのです。「条件だけでは仕事を選ぶ理由にならない」という、今まで見えていなかった前提を確認することが、採用における勝ち筋を探る糸口です。

条件だけでは差別化にはつながりません。条件は他社と同等、あるいは上でも、その先に「何があるのか」で企業は選ばれます。さらに言えば、給与や福利厚生といった単純な条件面では負けていても、選んでもらえる余地があるのです。

この前提、「条件以外のところ」で企業が選ばれるという点に着目し、Wantedlyは成功しました。Wantedlyは、募集ページを閲覧したユーザーが企業に話を聞きに行くカジュアル面談を通じて、採用のきっかけとなる出会いを生み出すサービスです。募集ページには給与や福利厚生といった条件についての記載を禁止する代わりに、事業の目的や経営理念、企業文化といったそれぞれの企業が持つ独自の魅力についての記載を推奨しています。

Wantedlyは「条件以外」の切り口として、「共感」を重視しました。会社の理念、あるいは課題や、職場のカルチャーなどを発信することで、より深く会社を理解してもらおうという戦略です。これにより、一般的な求人媒体ではごくわずかな条件面の違いにより採用競争に「勝てなかった」企業も、自社の魅力をフックに一緒に働く人と出会うことができます。

条件比較では常に「選択肢の中の一つ」でしかなかった企業も、共感をベースにすれば「自分に合うオンリーワン」になれます。共感を軸に採用を進めることはマッチング率向上に大きく寄与します。

そもそも採用とは、同じ目標に向かって、共に働くことのできる「仲間」を探すことです。ただ、条件を並べただけでは、当たり前のことですが条件がいいからという理由で応募してくる候補者しか来ません。人が来ないからと実態と乖離した条件で気を引こうとする採用担当者、本心とはかけはなれた志望動機を面接の場で取り繕う候補者、こんな状態で化かし合いを繰り広げて、果たして本当の仲間と出会えるでしょうか？　自社のありのままの姿を理解し、共感してくれる人を探し出し、彼らとの対話を優先したいはずです。

共感を中心にした採用をキレイゴトだと感じた方もいるかもしれません。そこで、共感採用がなぜ強いのかをここからは見ていきます。

組織運営に活きる「共感採用」の強み

私たちは採用領域のサービスを展開しながら、同時に自分たちの採用に全力で取り組むことで成長してきた組織です。サービスの運営と利用者の支援、自社の積極的な採用を通して、条件によらない採用のデータや知見を積み上げてきました。この中で得た気づきとは、「ビジョン共感」や「カルチャーフィット」の重要性です。

「スキルマッチ（求めている職能を候補者が満たすかどうか）」や「経歴マッチ（候補者の学歴・職歴が一定の水準を満たすかどうか）」だけでは本当の意味での採用マッチングは実現しづらく、「ビジョン共感（自社の目指す方向性を候補者が心情的に支持しているかどうか）」や「カルチャーフィット（自社の文化や行動指針にフィットするかどうか）」を軸に候補者を探したほうが互いにとって圧倒的に有意義な採用に結びつきやすいのです。

企業側の採用の目的は優秀な人材に入ってもらうこと、できるだけ長く活躍してもらうことです。自社にとって「優秀な人材」とはどんな人材でしょうか？　職歴や学歴が必ずしも重要ではないことは採用をある程度経験した方ならわかるはずです。スキルマッチも大切な要素ですが、視野を広げると重要性は必ずしも高くありません。「スキルだけ」では短期的な効率はともかく、中長期的にともに働く上での効率とは結びつきません。

共に働く上では、会社のビジョンに共感できるか、会社のカルチャーにマッチするかというのは無視できない要素です。

ウォンテッドリーが最重要視し、サービスにも積極的に導入しているのが共感、より正確には「ビジョン共感」です。

ビジョンとは何か。必ずしも将来的な大きな展望だけではなく、企業のあり方や社会との関わり方をまとめて呼んだものです。例えば、ウォンテッドリーは「シゴトでココロオドルひとをふやす」という企業ミッション（＝ビジョン）を掲げています。この企業ミッションは空虚な理念ではなく、私たちの組織の文化として確かに根付いています。私たちの場合は、この企業ミッションを中心に構成された価値観、あるいは今後の展望、実現したいことがビジョンになっています。チームがビジョン共感によって結びついていることにより、共通の目的を達成するための意思疎通がスムーズになります。

ビジョンは、あるいは社是であったり、明確には言語化できていなくても多くの社員が大事にしている価値観だったりするかもしれません。

例えば、自社の商品に新しい機能を追加するかしないかの議論が社内で持ち上がったとして、ビジネス部門は売上アップのために欲しがっている機能だが、開発部門はその機能が商品を用いるユーザーの体験を損なうと感じておりできれば追加したくない……こんなケースがあったとします。こうした議論は往々にして落とし所が見つからないまま平行線をたどってしまいがちですが、私たちはビジョンを社内の隅々にまで浸透させることにより「果たしてその機能によってシゴトでココロオドルひとはふえるだろうか?」という一点について考えて、議論が前向きに進むようになっています。

「シゴトでココロオドルひとをふやす」というビジョンがあるから、ユーザーに寄り添うサービス運営が徹底できる、そこを中心に人が集まる好循環を生み出せます。つまり、ビジョン/ミッションが社内に共有されていることにより、事業を推進するためのリソースが有限である中で「何をやらないか」の線引きが明確になる。それにより、目標達成までの道のりを最短距離で描けるチームができあがります。会社という組織で働く以上、個々人の価値観と会社のビジョンが一致していることは大きな推進力になります。

会社の成長と個々人の充足感、成長がゆるやかに連動しているため、高いモチベーションで目的の達成に向かっていけます。この連動がある人材は良い成果を出してくれることは経験上明らかでしょう。入社時点でのスキル以上に、会社のビジョンにどこまで共感しているかは成果との結びつきが強いかもしれません。

ビジョン共感ベースのマッチングで採用担当の大きな悩みである定着率などの諸問題の解決はもちろん、最大の目的である会社の成長のために寄与してくれる人材が獲得できるのです。

ビジョン共感について、ピンと来ない方、あるいはやりがい搾取的（働き手のやりがいを利用して利益を搾取する）イメージを持った方もいるかもしれません。これは実際に皆さんに経験してもらえば、納得いただける概念だと確信しています。ビジョンを持った企業で働いたときの推進力は非常に大きなものです。誇りや使命感を持ち、一定の方向性をもって働ける環境は強いです。ビジョンやそれを生み出すための企業のコンセプトの確認についてはP.79で解説しています。

カルチャーフィットは言葉通り、企業の文化にフィットするかを重視する考え方です。ガツガツ働く企業なのか、問題が起きたらどう対処するのか、社内でビジネス勉強会など研鑽の気風はあるか……。こういった企業の文化と水が合うかどうかは、やりがいをもって働く上では非常に重要です。カルチャーはビジョンとも結びつきがあります。P.73で解説します。

CHAPTER-1

03

新しい採用プロセス
ーリクルートメント・マーケティング

採用の早期化と長期化

採用のスタートは早い

人口動態と、働き手の意識の変化、この二つの要因を軸に企業よりも人材が優位に立つ採用市場ができあがることになりました。では、この市場を戦い抜くための具体的な採用戦略とはどのようなものでしょうか。その戦略の全体像について考えていくためには有効求人倍率の「外」で思考を深めていく必要があります。

採用のスタートラインはどこなのか。新卒なら就職情報サイトの掲載が始まる前後、中途なら上半期下半期ととらえがちですが、そこはすでに過当競争になっています。先に答えを書いておきましょう。「**採用のスタートラインは今**」です。

厚生労働省の公表する有効求人倍率は、景況感を示すバロメーターとなるとともに、労働市場における採用難易度を示す指標として参照されることが多い数字です。その他にも民間のdodaエージェントサービスの提供する転職求人倍率や、リクルートワークス研究所による大卒求人倍率などがしばしば参照されます。いずれも求職者1人当たりの求人数を割り算した数字ですが、この倍率には「ハローワークや人材紹介サービスを利用する求職者の数」から導かれているというカラクリがあります。つまり、求人サービスを利用していない潜在的な採用候補者の存在は、この倍率に含まれていないのです。

「潜在的な採用候補者」という言葉が意味しているのは、仕事探しの意欲が表面化していない（就職情報サイトに登録したりエージェントに相談したりするほどではない）ものの、自社とのマッチング度合いが高い人材のことです。

例えば、新卒であれば大学2〜3年生の高意欲層、中途であれば現職で活躍中の人材で、自社に入ってほしい人物像をイメージしてみましょう。その人は学生団体に所属し、営利企業を巻き込んだプロジェクトのリーダーを務めているかもしれません。あるいは、高い業務遂行能力を評価され、新規事業の立ち上げにゼロから関わっている人物かもしれません。

優秀人材の定義を一般化することはできませんが、採用市場においてはキャリアにおいて多くの選択肢を持っている人ほど優秀とみなされる傾向があることは確かです。言い換えてみれば、優秀な人材は引く手数多なのですから、仕事探しに向けて動きはじめた瞬間にスカウトが来ていてもおかしくはありません。欲しい人材が求人サービスに登録するタイミングに先んじてコンタクトを取ることが必要なのです。

いい人材を採るためには、人材が公の採用市場に出てくる前に接触しておく。つまり、採用はどこかでヨーイドンと掛け声があって始まるものではなく、常に先手先手で動くべきものなのです。採用は常に走り続けているプロセスだと覚えてください。

潜在的な採用候補者と出会うために、例えばリソースの潤沢な大企業では、社員が新卒採用に関わるリクルーター制度を通じて就活解禁前から先手先手のアクションを積み上げています。その目的は、社員の出身校ネットワークを通じてターゲット校の学生と接点を持つこと。社会経験に乏しい学生にとって仕事を選ぶ最大の動機は「人」ですから、極めて理に適った活動と言うことができるでしょう。大学の研究室推薦なども、これに近い発想かもしれません。

では、大学や研究室とのコネもない、人海戦術ができるネットワークもない企業はどうすればいいのでしょうか。どういうマインドで採用に臨むべきか、どういう施策が可能かを一緒に考えていきましょう。

少ないリソースで採用するには―自社に必要な人を見極める

実際にどのようにして早くから候補者と接点を持って、自社にとって価値ある人材を採用するのか。それには知名度やよい条件、それがないとしてもかなりの多くのリソースが必要なのではないかと思われるかもしれません。しかし、ウォンテッドリーは、必ずしも知名度や条件面で優れているわけではなく、また力を入れていたのは事実ですが採用に関してリソースを無尽蔵に投入できたわけではありません。それにも関わらず、中途採用を中心に長年自社にとって最高の人材を獲得してきました。

採用のときに大きな基準としたのが、「自社にとって価値が高く、一緒に働きたいと思える人材は世の中にたくさんいない」という前提です。

私たちはＷｅｂサービスを開発している会社なので、設立当初からエンジニアやデザイナーの積極採用をしています。しかし、近年、これらの職種は人手不足で採用は決して易しくありませんでした。そして開発の現場を引っ張れるような優秀な人材ほど、顕在化した採用市場には出てきません。なぜなら今の職でも「いい仕事」をもらっていて、給料もいい。周囲からも評価されているのですから積極的に転職する理由がないのです。

ただし、そういった人材でも「ちょっとしたこと」がきっかけとなって顕在的採用候補者となることもあります。希望した異動が叶わない、優秀であるためにプロジェクトから抜けられないケースなどです。その場合、そうした人材が転職エージェントなどに接触すれば、即、次の職が決まるケースがほとんど。内定もすぐに出る。転職市場に出たとしてもごく短期間なので、まずそうした人には出会えません。

そこを攻略するために私たちが重視してきたのは、「優秀な人が市場に出る前に接点を持つこと」です。直接会えなくても、オンラインでも接触を重ねる。接点を持ってもらうことから始めるのです。接触を重ねていく中で、どこかで候補者に「ちょっとしたこと」が起こり「実は転職も考えている」となったときに、こちらから連絡が取れる状態をつくっていくわけです。ヘッドハントと似たようなことをやっていたと考えてください。

私たちの採用を支えるのは、他社が採用のスタートラインだと思っているところを大きく先んじて採用を始める「早期接触」です。

長期化する採用ロードマップ——競合より広いレンジで採用をとらえる

今までの採用は短期決戦でした。とにかく広告を出して応募数を増やし、大量に集めた候補者を一気に選考、内定を出すエントリー起点、ヨーイドンの短距離走です。

対して、これからの採用はエントリー起点の短期決戦では通用しません。通年採用が一般的になり、さらには「エントリー前から採用は始まっている」、「採用後も人事の仕事は続く」という視点を持つべき、と考えが変わってきています。採用のスタートラインとゴールの常識が変動しているのです。

まずは、すぐにでも知ってもらうことがスタートライン。早期に接触し、認知を獲得、その後継続的に意向度（志望度）を高めていき、エントリー時点ではすでに高い意向度の候補者を集めているのが目指す姿となりつつあります。

ゴールも内定出しや入社ではありません。内定後も志望者の内定辞退や離職を防ぎ、自社へのエンゲージメントを高めるという長期戦の採用スタイルになってきています。社員がチームで最大のパフォーマンスをあげられるようなワークエンゲージメント、あるいは社員にとって働きやすい「いい会社」をつくることが次の採用にもつながります。とりあえず採用したら終わり、来年も頑張ろうというシステムではなく、採用後も採用のための取り組みは絶えず行われます。

これらの一連のプロセスは「**リクルートメント・マーケティング**」と呼ばれます。候補者を顧客に見立て、マーケティング手法を用いて、アプローチしていく手法だからです。

旧来、日本での採用はとにかく数を集めてその中から選抜する、ある意味で一方的なスタイ

ルでした。企業が主で、それに候補者が従属するというような形態です。労働人口が多かった頃はそれでもよかったかもしれません。しかし、現在ではこの手法は陰りが見えています。

私たちは採用は「労働市場に対するコミュニケーション」だと考えています。活発に宣伝し、魅力的な提案をし、候補者の方に選んでもらうという対等なスタイルです。これからは候補者目線に立って採用プロセスを整えていくことが、採用には欠かせなくなると考えています。

採用には何が必要なのか

現在の採用市場の課題と私たちが考える戦略を紹介してきました。

●労働人口の減少を前に日本の採用は変革を求められて

いる

- 確率論的採用の限界と、それを超えるための共感マッチングの採用
- デジタルマーケティングを利用した1対1の情報発信
- 早期接触など、採用をより広いレンジで考える必要性
- リクルートメント・マーケティングという考え方

採用のアップデートは喫緊の課題です。本書では、このために私たちのノウハウを可能な限り盛り込んでいます。

コラム

リクルートメント・マーケティングについて

リクルートメント・マーケティングは、アメリカのテック企業を中心に使われ始めた考え方で、デジタルマーケティングが個人に合わせたコミュニケーションができるように進化してきたことを採用に応用して発展してきています。

本書でも触れていますが、全体の考え方を知りたい方は２０１９年に私たちが発表した以下のブログに詳細が書かれていますので、ご覧いただけると理解が深まると思います。

『リクルートメント・マーケティング入門 ― Wantedly, Inc.』

https://www.wantedly.com/companies/wantedly/post_articles/158421

CHAPTER

2

採用のスタートが遅すぎる

採用のスタートラインはどこか

CHAPTER-2
01
候補者はいつ・どこで求人情報に触れているか

マッチする人材が集まる企業、集まらない企業

なぜ自社に合う人が来てくれないのか
―多くの人材はすでに獲られている

一般的によいとされている「条件」が揃っていれば、あとは待つだけで採用はうまくいくのか。答えはNOです。専門職はもちろん、今は多くの職種で「大企業のブランドがあるから」「上場企業だから」「給料がいい」といった理由だけでは、候補者が集まらない時代になっています。

候補者が集まらないならば、とにかく給与などの条件を釣り上げればいいのか? そういうわけでもありません。もちろん、職種に応じたオファーを出すべきではあるものの、金額だけではいい人は集まりません。

新卒採用で何が起きているか見てみましょう。学生数が減るのと同時に、学生1人当たりの選考を受ける数も減っているため、需要と供給のアンバランスが広がる一方です。就活人気ランキングなどは何年も大企業が筆頭に集まっていて、一見、大きな変化がないように見えるかもしれません。しかし、若者のキャリア観の変化は水面下で進んでいます。

優秀な学生のインターンなどを介した囲い込みは近年ますます進んでおり、大企業が採用にゆっくりと乗り出した時点ですでに就職先が決まっているケースが増えています。また、大企業にいれば一生安泰と考えている若者は近年減ってきており(ウォンテッドリー調べ)、あくまでもキャリアのスタート地点として大企業を認識している傾向があります。彼らは大企業に入社しても、5年程度をめどに転職する傾向があります。

学生の就職活動が始まってから企業を知ってもらうという方法がもう通用しないのです。就活フェアなどで学生と出会ったとしても、もうその時点では学生の多くは予定がつまっていて、受けるべき企業も決まってしまっています。

これまでの採用のスタートライン	人がほしくなったタイミング（新卒採用期、人員不足が見えたときから）
これからの採用のスタートライン	常に採用に関わる業務を回す。スタートラインという概念が希薄になる。

中途はどうでしょう。魅力的な人はヘッドハントやリファラル（口コミ）などで採用が決まることが多いため、そもそも中途採用市場にはほとんど出てきません。また、運よく採用市場に出てきても争奪戦も激しいため、人材紹介企業に登録したら、すぐに決まってしまいます。自社がとりたいタイミングでとるのは、ほぼ不可能と考えていいでしょう。

ただ待ち構えているだけでは、優秀な人材は自社のドアをノックすらしてくれない。大企業ですら、あぐらをかいて採用するわけにはいかなくなっている時代。知名度のない会社はさらに戦い方を変えなくてはいけません。

自社の給与や労働条件を箇条書き的に求人媒体に載せ、人が来なければ条件をよくするだけで候補者が集まってくる時代ではないのです。

企業側は自社の都合に合う人材を、現場の事情に合わせて採用したいと考えます。そのため、新卒採用が一斉に始まる時期や、自社が人材がほしいと思った時点が採用のスタートラインでした。ここで、求人媒体に情報を掲載して、採用を始めていたわけです。しかし、こういった**タイミングだけの採用は、現代では遅すぎる**のです。

優秀層ほど企業探しをしていない

企業と候補者の接点は求人媒体の外にある

新卒一括採用や欠員補充のタイミングで「求人媒体に出稿し、エントリーを募る」ことを出発点としていたこれまでの採用手法は、職探しに向けて「ヨーイドン」で動き出す候補者を待ち構えるように求人情報を出すことを基本戦略としていました。

しかし、現在はそれは機能しません。背景の一つには、画一的な情報発信が以前ほど響かなくなっているという状況があります。

情報発信のコストが下がり情報量自体も爆発的に増えた現代では、求人広告に掲載されている情報だけで企業を判断するということはほとんどありません。それよりもはるかに多くの（魅力的な）情報がSNSや口コミサイトで得られるからです。

多様な情報接点がある中で、自分の関心領域のWeb記事や、業界内でのSNSのつながりなどが情報収集の第一手です。転職を考える人は、ここで魅力的な情報を見つけてから、企業

■ 優秀層は求人媒体の外で転職を決める

サイトや求人情報に飛ぶケースが多いです。そもそも、SNSやブログ記事が目に留まらなければ求人広告まで人がこないのです（ビジネスSNS「Wantedly」はここに注目したサービスです）。

私たちの持つデータでも、SNSやブログ記事から求人広告を見るという「流れ」があることは間違いありません。候補者は今や、求人媒体や新卒採用サイトの外部にある情報を根拠に意思決定をするようになったと言えます。

こうした時代の変化を裏付けるように、Googleの人事最高責任者を務めたラズロ・ボックは、『ワーク・ルールズ！』の中でこう書いています。†1「私たちは

†1 『ワーク・ルールズ！』2015年 東洋経済新報社 ラズロ・ボック著 鬼澤忍・矢羽野薫訳 P.138より引用。

ショッキングな事実に気づいていた。本当に優れた人々は仕事を探していないのだ」。

優秀なビジネスパーソンは市場に出てきづらく、さらに出てくる前に次の就職先が決まっていることが多いのです。仕事探しの意欲が表面化する頃にはすでに、エージェントや求人媒体の情報を頼るまでもなく意中の就職先／転職先のリストアップができているのです。

彼らは、日常で接する数々のＷｅｂ記事やＳＮＳ投稿を通じて、このリストアップを済ませています。働き方、得意な事業領域、社会にどういうインパクトを与えられるか、カルチャー、楽しそうかどうか……。こういった情報はＷｅｂ記事やＳＮＳの方が求人広告よりも強く訴えかけられます。

あなたの会社がイノベーションを担える人材を探しているとします。その際に「イノベーティブな人材求む」と求人広告で打ち出すことが、最適な手段でないことは直感的に理解できるのではないでしょうか。

本当にイノベーティブな人材が獲得できるのは、イノベーションのために何をやっているか、現場で何が起きているかを伝えられる企業です。例えば、ブログでアメリカの最新テクノロジーやビジネスを紹介している企業は、具体的にイノベーションを起こすための取り組みをしているからと多くのイノベーティブな人材が注目します。あるいは、ＳＮＳで情報発信している社員がいれば、どのような方向性で企業がイノベーションを追っているのかが伝わります。

即採用に至らなくとも、これらの情報は生きた情報として伝わり、自分が働くならこういうスキルが活かせそうだ・こういうことがやってみたいと「生きた就労イメージ」を持ってもらいやすいのです。

そうしたアンテナにひっかからない企業、つまり情報発信がうまくできていない企業は、求人媒体に出稿したところで候補者からは「存在しない」ものだったり、「実体の伴わない虚像」と思われてしまったりするだけです。

潜在的候補者／顕在的候補者を区別する

潜在候補者に早くからアプローチする

これまでの採用スタイルは、「仕事探しの意欲が顕在化している候補者」という限られたパイを奪い合うことを前提としていました。新卒一括採用で求人サイトに殺到する就活生、現在の職に不満を持ってとにかくどこか外に出たいということで転職する人たちです。

顕在層の仕事選びを考えてみましょう。彼らは「就職／転職したい」という意思が先にあるので、求人サイトで目についたものや居住地や興味のあるキーワードで検索してヒットした中から、名前を知っている企業や条件の良さそうな企業を選びます。顕在層は、多少の絞り込みはしたとしても、基本的には企業スペックや条件で選びます。上場企業で安定してそう、給料がよそより高い……といった「比較」で会社を探します。

転職顕在層に自社に来てもらおうと思うと、「スペック比較・条件比較」の過当競争に巻き込まれざるを得ません。

するとどうなるか。少しでも目立つところに企業情報を掲載しようとして広告費はどんどん上昇し続け、泥沼にはまります。多くの企業では、どれだけお金をつぎこんでも思ったように人が来ない（エントリーしない）という絶望的な事態に陥ります。さらに状況は悪くなり、条件面で少しでも良く見せようと実態から盛った企業情報を掲載したり、給与テーブルを一時的に変更して既存社員と新入社員の待遇に格差が出たりといった事態に発展することは少なくありません。

ここまでして採用した人材が活躍してくれるかというと、残念ながらそうとは限りません。こういった経緯で入社した人たちが見ているのは「スペック／条件」です。他により良い「スペック／条件」の企業があれば機を見てそちらに再転職してしまうでしょうし、もしも「スペック／条件」を盛って（過大に）宣伝して採用したなら禍根を残して出ていくでしょう。また「スペック／条件」で募集した人たちは、企業の文化（雰囲気）やビジョンにそぐわず、そのズレから退職することもあります。せっかくお金をつぎ込んで人をとっても、定着してくれない、すれ違いが生じてしまうのは悲しいことです。

人数ベースなどの採用目標を達成することを考えると、どうしても顕在層ばかり目についてしまいます。しかし、この苛烈な獲得競争に陥る前に、少し視点を変えてみましょう。顕在層の獲得競争が激しいなら、まだ転職を具体的には考えていない（転職意思が表面化していない）、潜在層にアプローチする方法を考えてみるのは建設的でしょう。

転職しようと思っていない人にどうやって転職してもらうのか。なんだか禅問答のようにも思えます。これを実現するには、転職しようと思わないうちから接触を始めて、自社を意識してもらうことが有効です。

中途採用なら、現職の給与や福利厚生などの待遇には満足しつつも、さらなる成長や変化を求めている人もいます。こういった人々のアンテナに引っかかるように情報発信を続け、「こうしたスキルが得られればもっと成長できるのでは？」「この業界（企業）に参画したら、今よりもっとワクワクする環境が得られるかもしれない」「この会社の文化は面白そう」と思ってもらえたらどうでしょう？　彼らが転職を意識するときに「候補の中の一つ《ワンオブゼム》」ではなく「ナンバーワンでオンリーワンの入りたい企業」として見てもらえます。

中途採用ならともかく、新卒に潜在層なんているの？　誰もが感じる疑問でしょう。実は新卒採用にも潜在層は存在し、彼らとのコミュニケーションは非常に重要です。学生が就職活動を本格的に始める時点で一番の候補であること、そこまでいかなくても意識に上ることは大きなアドバンテージです。

新卒潜在層は、「まだ就職活動に本腰を入れていない学生」と設定しましょう。新卒の就職顕在層、つまり就職活動に本腰を入れている学生は求人サイトに登録して、多くはスペック／条件比較での就職活動を始めています。この段階で自社を候補者に見てもらおうと思うと多大な努力が必要になります。彼らがこの段階になる前に接触する必要があります。

また、現在、新卒採用は経団連が主導する採用時期のコントロールがなくなり、以前と比べると学生の就職活動開始時期はバラバラになりつつあります。そのため今まで以上に、この時期にこの情報を出して……といった自分たちの都合で時期を設定しての情報提供は響かなくなっています。彼らに届くようにするには常に情報を出し続けるしかありません。

早期接触と継続接触、これが潜在層に働きかける鍵です。

	潜在層	顕在層
就職・転職への意識	現時点ではない。あっても、かなりおぼろげなもので、積極的な情報収集などはしていない。	実際に就職活動や転職活動を始めている。就職転職情報サイトやエージェントの利用をしている。
仕事選びの条件	就職意思・転職意思がないので、仕事選びという状態にない。面白そうな仕事の情報はかんたんに調べる程度。	給与や待遇、企業ブランドなどの「カタログスペック」重視。
主な情報源	ブログやSNSなど、採用を第一としないメディア。企業で働く友人・知人の口コミなど。	主に就職情報サイトの年収別検索や、転職エージェント（が渡す企業のリスト）。
企業側から見てどうか	転職意思が顕在化していないため、早い段階で接触できれば、他社との競争を経ずに獲得できる。 「カタログスペック」ではない自社のユニークなポイントを見てもらえる。	まず顕在層に見つけてもらうのが至難の業。認知を得るために広告費の投入、条件アップなどのコストが必要。 即時の人材補充が必要で資金が潤沢にある場合は有用。

条件以外にもアピールすべき情報がある

潜在層に関心を持ってもらうには、条件面の充実だけをうち出してもあまり意味がありません。潜在層は求人情報には興味がないからです。むしろ、それ以外の魅力づけが必要です。

例えばビジネスSNS「Wantedly」の募集ページには給与や福利厚生といった条件を記載できません。その代わりに、条件面によらない自社の魅力を発信できる場としては最高です。他のメディアに載せた場合では条件面で苦しい戦いを強いられてしまうような10～20人規模の小さな企業であっても、自社の大切にしている想いやユニークな働き方をアピールするなど、独自のアプローチを発信して企業の成長に貢献するような人材の採用を次々に成功させているケースが多くあるのです。

もちろん、トップタレントを採用したいなら、その能力に見合う条件を出せるようにすることも企業努力の一環として必要です。候補者にとって「気にならない給与」を出せる企業であることは必須であり、自分を買い叩こうとするような会社は見向きもされません。

肝心なのは「**条件だけでは人は動かない**」ということ。今の時代、企業規模を問わず、どんな企業にも自社の文化を発信するチャンスがあります。発信を使いこなせば自分たちと同じ価値観を共有できる「まだ見ぬ仲間」と出会って一緒に成長の旅ができるのです。

「条件」ではなく「価値観」に訴えることが大切なのは、それによって候補者の無意識の年収フィルターを突破できる可能性があるからです。

人は選ぶ基準がないと、まず年収でのフィルターをかけてしまう傾向があります。例えば転職サイトで企業を探す際に、年収450万円よりも年収600万円の会社の方が良いので、ついつい年収600万円以上でフィルタリングしてしまいます。その場合に問題になるのは検索結果には今600万円以上の給与水準の会社しか出てこなく、今は600万円未満の年収でも近いうちに600万円以上の給与水準になる会社には出会えないことが起きます。今まで成功していた会社に会えることは間違いないですが、今後大きく伸びて成功する会社を選択できないことが発生します。

しかし、ひとまず年収を含む諸条件を伏せた上で候補者と接点を持つことができたら？ アピール方法ひとつで、ちょっとしたオファー上の不利を覆すには十分なチャンスがあなたの会社にも舞いこむことでしょう。ファーストインプレッションの与え方は、こうした「誤差範囲内」のスペック差を突破するうえでとても大切なのです。

想起される存在になる

仕事探しの意欲が表面化しておらず、具体的な行動に至っていない潜在候補者。彼らが年収を含めたスペック面での比較を始める前からアプローチするのが採用においては重要です。彼らにアプローチするために何よりも有効な手段があります。

それは候補者とカジュアルな接触機会を持つことです。こうすることによって、彼らに想起される存在になることを目指します。

カジュアルな接触機会とは何か。それは必ずしも採用を前提としない接触のことです。例えば、ＩＴエンジニアの採用を進める会社では最新技術などについて交流する「勉強会」を会社が企画し広く参加者を募ることで潜在候補者へのアピールをすることがあります。たとえターゲットが現状において採用面接を受ける気はさらさらなくとも、技術交流イベントであれば顔出ししたくなる。そういう機会を通じて、「この会社は面白いことをやっている」「中の人たちと話が合う」という心証を得ることができればひとまずは成功です。

どんなに早くからアプローチしても、自社のことをまったく知らず興味関心を持ってもらえていなければ、そのアプローチは空振りになるか、もしかすると逆にネガティブな印象を持たれてしまうこともあるかもしれません。恋愛と同じで、相手が自分のことをまったく知らないのにいきなり結婚を申し込んでも断られるのがオチです。

新卒採用の学生向けアプローチであれば「その企業に入りたい」「インターンに行きたい」と想起されるように採用プロセスの設計を行い、「その企業は優秀な人が集まってくる」と潜在層に思ってもらえるようにするわけです。例えば、エンジニア採用なら学生向けのエンジニアイベント、ビジネス採用ならビジネスコンテストへの協力などはわかりやすい試みです。また、学生インターンに（業務として）ブログを書いてもらうなどして、学生インターンの好サイクルをつくり出すといったことも重要です。

潜在層にとって「自分の選択肢になりうる企業」と思ってもらえるのが第一です。採用したいターゲットの人たちがいても、企業の認知という部分から見たとき、想起される対象でなければいくらアプローチしても届かないのですから、それならば違う切り口で、まず想起される存在になることに注力したほうが良いということです。

激化する人材獲得競争を抜け出すために

採用のモヤモヤから抜け出す

自社の事業や文化に価値があることは確信している。それなのに採用がうまくいかない。そうしたモヤモヤを抱えている企業は少なくありません。こういった企業は潜在層へのアプローチで番狂わせを起こせるポテンシャルを持っています。潜在層に振り向いてもらうために、何をすればいいのでしょうか。

鍵となるのは、まず従来のエントリー待ちの採用スタイルからの脱却です。次に考えるべきは、候補者がエントリーするより前の時点で潜在的候補者に認知と好印象を持ってもらうための「採用活動の早期化」です。

とりわけ、新卒採用ではターゲット学生との早期接触がキーになります。これまでも、一般に新卒就活生は動き出しのタイミングの違いから「早期層・中期層・晩期層」に分けられ、動き出しが早い層ほど優秀な学生が多いと言われてきました。

しかし、就活ルール廃止となった後の新卒採用市場では、認知と条件面で有利な大企業が優秀層のさらなる早期囲い込みへと乗り出し始めることが予想されます。そのため、それらの企業と渡り合うためには、長期インターンシップ（P.138参照）で早期に接点を持ち、その後のフォローを徹底することが必要になってきます。

同様に、中途採用でもターゲットとなる候補者が転職エージェントに接触したり、転職サイトに登録したりする前に接触する必要があります。彼らと、オフライン・オンライン両方の接点を持ち、自社を知ってもらうための活動をすることが非常に大きな意味を持ってきます。

例えばエンジニア採用の場合であれば、発信力のある人材による外部カンファレンスへの登壇や勉強会の主催、エンジニアブログを通じた技術広報などはターゲット候補者への認知を高め、想起してもらう対象となるための有効な手段となります。

製造業、非製造業を問わずエンジニアの仕事選びにおいては、企業スペックや条件面だけではなく、候補者が関心を持っている技術コミュニティへの貢献や、企業のカルチャーなど、定性的な価値への共感・憧れが行動を左右しがちであるということも付け加えられます。

実際に、ウォンテッドリーでは会社規模が小さいときからエンジニアの技術広報に力を入れてきました。Ｗｅｂサービスを運営する会社として、優秀なエンジニアに注目される企業になることは成長戦略において非常に重要なポイントだったからです。

中でも力を入れてきたのが「Wantedly Engineer Blog」という名前のエンジニアブログです。†2世の中で関心を持たれている最新技術を実際のプロダクト開発の現場に導入したときに、どのような問題が発生し、それをどう解決するのか、エンジニアコミュニティではこうした企業内部の事例をオープンに共有する文化があります。ウォンテッドリーも「Ｇｏ」などの技術の知見を共有してきました。それにより、関連技術領域においてエンジニアから第一想起される企業のひとつになることができたと考えています。

その他にも、「技術書典」というプログラミング／ソフトウェア開発関連の技術同人誌を販売するイベントに第一回から欠かさず参加し、『Wantedly Tech Book』という名の刊行物を手売り販売しています。書籍制作においてはエンジニア自身が音頭をとり、執筆・編集の作業を自主的に行っています。ブログや書籍が職種コミュニティの中で話題になることは、社員に自信をつけるだけでなく、同じようなスキル・専門性を持ったエンジニアに「この会社の開発チームはいけてる」と思わせる採用ブランディングの機会にもなります。エンジニアという職種には「優秀なエンジニアと一緒に働きたい」という欲求を持つ人が多いため、採用目的の情報発

†2　ＩＴエンジニアが技術情報などを発信するブログ。

■ ウォンテッドリーの技術同人誌

信にも積極的なのです。

発信が大事というのはエンジニアに限った話ではありません。これまで積極的に情報発信をすることのなかったバックオフィス系職種もブログやＳＮＳでノウハウの共有や発信をしている時代です。こうした変化には労働市場の新しい力学が関係しています。外部のテクノロジー環境に合わせて職業スキルをアップデートし続ける必要が各職種に発生しており、そしてそれを発信できる個人が市場で高く評価される時代になってきているのです。

優秀だけどくすぶっている人材、もっと新しいことに挑戦したい人材というのは実は世の中には相当数います。彼らを探すのは大変ですが、彼らに「見つけてもらう」のは少しは簡単です。人材との早期接触の一つの手法として、情報発信は大きな武器になります。

あの企業は自社よりも規模も知名度も下に思えるのに、なぜかいい人材が集まる。そんな企業は実はそうした採用市場の背景を理解して、そこに合った活動（情報発信）をオンライン・オフライン両方で行っているわけです。

私たちはどのように少ないリソースで採用を重ねてきたのか

はじめは小さな企業だったウォンテッドリーが、採用で勝つために大切にしてきたのは「会うこと」です。自分たちが一緒に働きたいと思う候補者と会うのは非常に大事です。直接会えなくても、オンラインでも接触を重ねる。接点を持ってもらうことから始めるのです。

接触を重ねていく中で、どこかで候補者に「ちょっとしたこと」が起こり「実は転職も考えている」となったときに、ちゃんとこちらから連絡がとれる状態をつくっていくわけです。

例えば、管理会計の仕事ができる公認会計士などと接点をつくりたい。それなら「自分たちはこういったツールを活用することで、モダンな経営管理のやり方を模索しています」といったブログエントリーを書いて発信する。記事には「私たちと経営管理について話してみたい人Wanted!」という一文も添えておきます。

■ ウォンテッドリーのブログ例

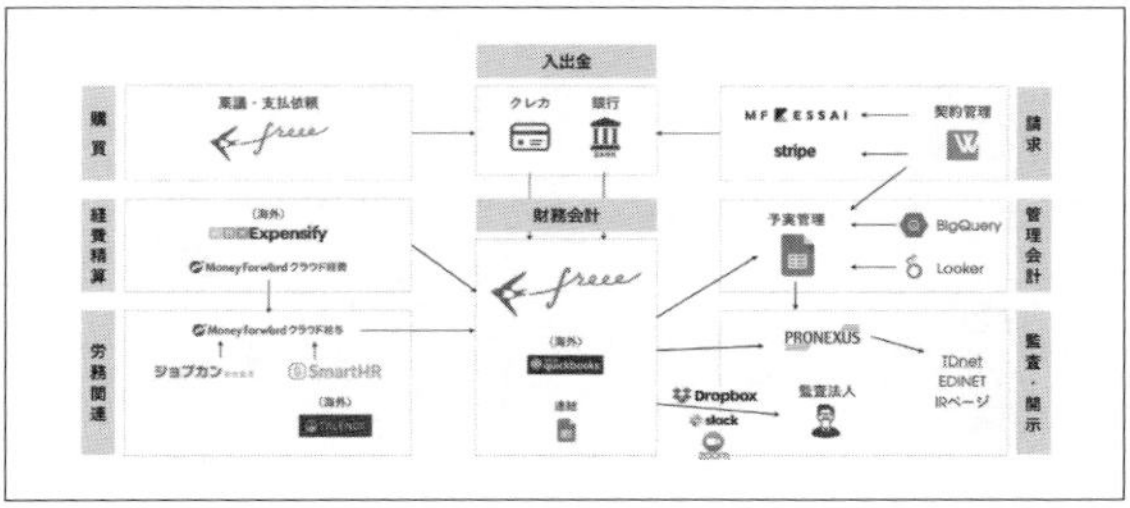

その記事を読んだ潜在候補者が「自分が今の会社で試してみたかったことを、実際にやって成果を上げている会社がある」「おもしろい企業だな」と興味を持ち、自分もそういった仕事がしてみたいと考え、具体的にどんなことをやっているのか、この記事を書いた人に会って話を聞いてみたいという動機付けがされる。

そのようにして接点が生まれ、そこからやがて採用につながっていくケースが多くありました。

何もしなければ、ただ待っているだけでは採用で出会いたい人には出会えない。まずは取っ掛かりとなる「受け口」をつくる。それが突破口となるわけです。

CHAPTER-2
02

独自の魅力は条件比較に勝る

どの企業も誰かに憧れられる要素を持っている

視点を変えて魅力を探る

採用ターゲットとなる候補者からの企業認知を高めることは、言い換えると、その人にとっての「憧れポイント」を発信するということです。

とはいえ、「自社に憧れの対象になるポイントがあるのだろうか」「魅力で勝負したいと思っても思いつかない」と考えてしまう場合もあるかもしれません。ですが、採用の現場を高いところから俯瞰して見れば、どんな企業にも「その企業が自分には合う」「自分にとっては魅力を感じる」という候補者が必ず存在しています。

だからこそ、多くの企業に今現在も働いている人がいるわけです。その会社で働き続けてるということは、なんらかの、その人にとっての魅力があるはず。その部分をうまく言語化できていないために、自分たちには採用上の魅力が乏しいと思い込んでしまっているケースは少なくありません。

例えば、「うちのような地方で細々と営んでいる会社に若い人が来てくれるとは思えない」という悩みを抱えた会社があるとします。しかし、規模や所在地に関わらず、会社として営利活動を続けられているということは、それだけの価値を顧客や社会に提供できているということです。その部分に改めてスポットを当てたSNSや動画サイトでの発信が、世の中から大きな注目を集めることに成功する、そんな中小企業の事例が近年増加傾向にあることは皆さんもお気づきなのではないでしょうか。

他にも、「うちは激務のイメージがあるから若い人に敬遠されている」と悩んでいる会社があったとします。しかし、「激務＝悪い会社」とは限らず、ハードワークであったとしても世の中に必要な価値を届けていて、それ相応の報酬が待っているのであれば、仕事に達成感を求める候補者には魅力的なポイントに映るはずです。

どんな視点で自社を掘り下げるか。世の中一般的には魅力的と思われる要素が少なくても、視点と切り口を変えれば魅力や価値を伝えることはどんな企業にもできるのです。

どんな要素も強みに変えられる

ビジネスSNS「Wantedly」で、自分たちの独自の強みを発信して採用上の競争力をうまく補っている企業もたくさんあります。

福岡県飯塚市に拠点を置く前田組という建設会社では、土木や建設で地域の社会基盤を下支えしつつ「衣食住を通した日本伝統文化の復権」「銭湯&サウナの事業展開」「アート勃興」といった多様な角度から地域創生活動を行っている社員の日常を「Wantedly」で発信。さらに「きょうのまかない」として会社敷地内の菜園で育てた野菜を中心に社員が交代で手づくりする日々のランチの写真と記事も掲載しています。そうしたある種の人間味のある働き方に共感する潜在候補者に訴えることができているわけです。

一般的に考えると、そうした企業にものすごくキャリア志向の人材が来るとは考えにくいですし、企業側もそうした人材を求めているわけではない。けれども地域を愛して、地道に地域を良くしていく仕事に関わりたい、そうした想いを持つ仲間と働きたいと潜在的に考える人材にとっては非常に魅力的です。

経済成長が続き、終身雇用を前提にほとんどの人がその会社でキャリアアップを果たすことを求める時代であれば、企業の個性が社外の誰かの魅力につながるとは考えなかったでしょう。ですが現在は、価値観は崩れ、生き方と働き方に何を求めるかも多様化しています。だからこそ、企業のどんな要素であっても強みに変えて潜在候補者に発信することができるのだと考えてほしいのです。

八方美人は成功しない

いい人が来る企業、来ない企業の分かれ目

どんな企業にも、その企業独自の候補者にとっての魅力があります。

そのとき大切なのは自社の正しい姿を伝えることです。本当はないものを「ある」ように見せかけて誇張することや、社内に横たわっている課題について「ない」と印象づけるようなコミュニケーションはしないほうがいいでしょう。

面接の場だけうまく進んでいくように嘘の混じったコミュニケーションをして採用ができたとしても、実際に仕事を始めてから「聞いていたこと、思い描いていたこと」とのギャップに遭遇すると、その落差が大きい分だけ早期退職に直結してしまうからです。

採用場面ではどうしても、すべての候補者に自社をよく見られたいという意識が働き、八方美人的になってしまうこともありますが、本来、すべての人にとって「いい企業」というものは存在しません。

大事なことは、あくまで自社にとっての「いい人材」といいコミュニケーションができること。その人材が、企業文化や仕事のポジティブな面、ネガティブな面もすべてひっくるめて「自分には価値がある」と判断してくれること。そこが基本です。

そのためには、現状を正直に、組織としての現時点の目標を誠実に話します。例えば、グローバルで戦うことを意識していないのに、「世界で戦えます」と話を合わせてグローバル志向の人材を採るのは不誠実です。国内市場や地域市場を狙っているなら、話を大きくせずそう伝えるのが真摯さです。

自社として定義づけができていない言葉を使うのも避けたいです。「常に高い顧客満足を大事に」といっても、顧客満足の定義が部署や社員によってバラバラで一貫性がなければ、どんなに耳ざわりのよいことを言ってもきれいごとで終わってしまいます。

それなら、全方位すべての顧客満足は目指さないが、こういったコアな顧客の高い満足を得るためには労を惜しまず、それができる組織戦略を持ってやっていると率直に話したほうが自社に合う人材と出会い定着してもらえるでしょう。

情報に一貫性を持たせる

あなたの会社らしさを定義する

自社にとって採用したいターゲットとなる人材に、自社についての情報を伝える上で、情報の透明性（偽りなく正しい姿を伝えること）と同じように大事になるのが「情報の一貫性」。

例えば、ホームページに掲載している採用情報と面談で伝えている情報がバラバラ、面接官によって話すことに統一感がないようでは候補者に不信感を持たれてしまいます。

さらには候補者に情報が断片的にしか伝わらずミスコミュニケーションが生じていると、せっかく内定にこぎつけても「人には魅力を感じましたが（事業の成長可能性を信じることができなかったため／欲している経験が手に入らないと感じたため）別の会社を選ぶことにしました」というように辞退されてしまうこともあるわけです。

昔の採用市場では、とりあえず求人サイトの中で見られる企業の姿はキラキラして、自分にとって魅力を持つ企業かどうかよりも、みんなに人気だからという理由だけでもエントリーされるということがありました。それはマス広告を出せば売り上げが見込めるような時代にあっては、ひとつの採用上の正解だったわけです。ところが今は採用市場のコミュニケーションも複雑化して、いろんな場面で出会う企業の情報に触れながら、多様な要素によってその企業のイメージを持つことが普通になっています。

そうなると採用サイトだけでその企業のイメージを形成できるようなことは、まずありません。採用サイトで発信される情報、メディアからの情報、SNS、口コミ、社内の人から聞いた話など、いろいろなところで触れたものによって企業イメージがつくられる。そのために最終的にバラバラの企業イメージで語られるリスクがどうしてもあります。

ズレを防ぐには、まず「自社らしさ」が社内で明確に定義されていることが必要です。では、「あなたの会社らしさ」とは一体なんでしょうか？　よくある間違いが、「仲のよい職場」「成長中」といった受けのよさそうなメッセージを軸に自社らしさを定義して、誰にも刺さらなくなってしまうこと。多くの人に薄く情報が届くよりも、自社に興味を持つ少数の人にメッセージが深く刺さったほうが採用につながること、共感していない100人のエントリーより深く共感してくれている5人のエントリーのほうが価値があることを思い出しましょう。

そこで大切なのが、「どう見せたらいいか？」よりも「自社の価値がどこにあるか？」を考えることです。では、企業の価値の根本にあるのは何か。ウォンテッドリーでは「なぜ私たちは事業をやっているのか（企業ミッション）」というWHYの問いだと考えています。

あなたの知り合いでも、周囲の信頼を自ずと集める人は言動の背景にある考えが一貫していることが多いはず。それは、その人にとっての〝WHY〟が明確化されていることで、「この人は根本にこういう考えがあるから、今このように話しているのだな」と相手を安心させることができるからなのです。逆に、いつもバラバラのことを言っている印象の人は信頼されないし、寄りつく人も少ない。

つまり、自社がなぜ市場に存在しているのか、何をミッションに活動しているのかというブレない理由を定義し、求人広告でも企業パンフレットでも、そして面談の会話の中でもありとあらゆるコミュニケーションに紐づけるようにする。そうすると、候補者は自分の触れた情報の断片から、より立体的にあなたの組織の姿をイメージできるようになり、誤解のリスクが減ることになります。

そのためにまず経営陣を中心に自社がなぜ事業を行っているか、自社の目指している世界観はどんなものなのかといったコアを言語化したうえで、社内にそのＷＨＹを浸透させるための働きかけが必要不可欠です。表面的な見せ方を揃えるだけではなく、社員一人ひとりにＷＨＹが浸透することが、結果として採用候補者の信頼につながる一貫性を生み出すことになります。

もしかすると、自社にはそんなＷＨＹはないよ、ミッションはないよと思った方もいるかもしれません。しかし、私たちはほとんどすべての企業には「伝えるべき価値」があると確信しています。実際にヒアリングを通して、そこを見つける作業のお手伝いをすることもあります。

ミッションというと少し堅苦しいかもしれませんが、企業がその地域や市場でどういう役割を果たしているか、どういう人材が社内で活躍しているかというのは少し考えれば書き出せるはずです。その「コンセプト」を考えると、採用の情報発信に大きな力となります。

企業を構成する要素を洗い出す

自らコンセプトの伝え方を考え設計する

情報の一貫性や透明性が考えられていないために、ミスコミュニケーションが発生して候補者に逃げられてしまう。こうした事態を防ぐためには、企業活動におけるすべてのコミュニケーション、情報発信を採用の「コア」に位置するコンセプトに紐づけることが重要になってきます。このコンセプトが定まると、自社のビジョンにもつながります。

具体的には、企業を構成する要素（魅力因子）を洗い出し、それらすべての中心にある組織イメージをコンセプトとして抽出する必要があります。

- 市場（誰に対して価値を提供したいのか）
- 事業（どのような手段で市場に価値を届けるのか）

●**業務**（事業を成功させるため、どんな仕事をしているのか）
●**人**（業務を遂行するために、どんな人が必要とされているのか）
●**文化**（人が集まることによってどんな文化が形成されているか）
●**制度**（文化を維持するために、どのような制度が設けられているか）

このコンセプトは採用、つまり「候補者が実際に入社するまで」だけに適用されるものではありません。むしろ、入社後、晴れて自社の社員となったメンバーがこれらの魅力因子を肌身で感じられるような「いい会社づくり」があってこそ効力を発揮するものです。入り口で感じた魅力がいざ入社したらまったく存在せずギャップを感じて退職してしまったら、社員は増えません。なので私たちは、入社後の定着までを「採用」として定義しています。これは、いわゆる「カスタマーサクセス（長期的な顧客の成功体験）」の考え方とも共通するもの。事業においても今は顧客の「継続性」が重要なテーマになっています。

採用市場でも同じです。採用して終わりという考え方でコミュニケーションを設計するのではなく、採用後もきちんと自社のコアコンセプトに魅力や価値を感じ続けられるように考えコンセプトも伝え方を設計することが必要です。

たとえネガティブな要素であっても、採用プロセスの中で必ず、入社後どこかでネガティブな要因が発生する可能性があることも伝えた上で入社の意思決定をしてもらえるようにすることも必要かもしれません。

大事なことを隠してしまってあとから変な形で伝わるよりも、自ら「いい伝わり方」を考え設計する。それも事業、業務、組織、文化、制度など自社を構成する因子のどれと照らし合わせてもブレがないように、ネガティブ要素があったとしても最終的にはどの魅力因子とも結びついてトータルでは価値や魅力を損なわないと思えるようにすることが重要になってきます。

ウォンテッドリーの例を示します。私たちはこのコンセプトから、ビジョンとなるキーワードを導き出しました。

- **市場**　日本企業のうち、採用を行っている約1万社
- **事業**　採用における企業の情報発信を助け、より良い人材をよりよいコストで実現するWebサービスの提供。ビジネスSNS Wantedlyを主軸とした関連サービス
- **業務**　サービス開発のためのエンジニア、顧客獲得のための営業、顧客ケアのためのコンサルタント、企業情報発信のための広報など。
- **人**　採用領域への課題意識と、新しいことへの貪欲さがある。常に情報がアップデートされ

る最先端の領域でビジネスをしているため、機動力（知的好奇心や行動力）が求められる。

●**文化**　働くこと、学ぶことに熱心な社員が多い。新技術、海外の最新事例の研究など先端的な事柄に社員が主体的に取り組む文化。全社的に、ボトムアップの文化として、新しいことを始める熱意がある。スピード感があるため、熱意がないとついてくるのは難しい。

●**制度**　社内外の勉強会・セミナーの推奨と支援。学生インターン。ビジネス・エンジニア間の交流支援（飲食代補助）など。

これらは、ビジョンとして掲げるキーワード「シゴトでココロオドル」とも密接につながっていますが、キーワードだけでは見えてこない仕事のあり方も表せています。熱意がある人には楽しい職場。スピード感が重要視される。採用領域への情熱がある人がい い……。こういった情報をきちんと採用担当者、経営陣、事業部門が共有できると情報発信のブレがなくなり、欲しい人材に届きます。コンセプトを発表し、社内で揉んでいくことには、現場と経営との意思疎通がはかれるといったうれしい副作用もあります。コンセプトがきちんと社内で共有できると、「欲しい人材が採用担当・経営者・事業部長で違う」といったズレを驚くほど減らせます。

コンセプトは定期的に見直しつつ、社内、特に採用プロセスに関する社員には採用活動を行う際に読んでもらうように運用しています。

ウォンテッドリーの場合は最初期から、既存の人材サービスでは伝えきれなかった企業の魅力を伝え、求職者によりよい職業選択をしてもらうというミッションが明確でした。そこで、「新しい採用を広める企業」として、自社の採用も進めていきました。

「新しい」というのは、創業期は一つのキーワードとして重要でした。最新の技術が使える企業としての露出で優秀なエンジニアが多数獲得できました。また、既存の人材関連のビジネスに疑問を持っていた優秀な若い層も「新しい」ことのできる企業として選んでくれました。

現在ではこの頃とは戦略も違い、必ずしもビジョンは「新しい採用」を押し出す企業とはしていません。ただ、最初期のフェーズで明確に自社の状況と照らし合わせたコンセプトを見出しビジョンを打ち出したことが採用に大きくブーストをかけたことは間違いありません。

架空の企業でも考えてみましょう。地域展開する食料品スーパー、全国チェーンではないが地元に長年根付いている企業で地場食材の取り扱いには自信があるとします。この企業の魅力因子を書き出します。

●**市場**　○○県□□地域の一般消費者

●**事業**　食料品スーパー。県内20店舗。地域食材の取り扱いに自信。

●**業務**　仕入れ・店頭スタッフ・物流などスーパーの全部門

●**人**　長年の地域の信頼でやってきているので実直な人が望ましい。倉庫など接客ではない仕事も多いので、必ずしも接客的な人当たりのよさなどは求めない。

●**文化**　いい意味でゆるい空気と、食への関心の高さ。スーパーはどうしても過重労働に陥りがちな現場が多いが、住職接近支援・休憩時間を多めに設定する・休憩スペースを広くとるなどして、従業員がリラックスして働けるよう強く意識している。他業種と比べると給料は高くないが、正社員の離職率も低い。また、社内での試食会などを頻繁に行い、従業員は食への関心が高い人が多い。

●**制度**　住職接近手当なども含めた手厚い住宅補助。調理会や試食会を多数実施するなど食関連の学習。店舗ごとの食事会手当てなど。

このようにコンセプト書き出してみると、業界内では比較的食に強い、働き方を大切にしているといった強みが見えてきます。ここから同業種で働き方に限界を感じている人や、接客に苦手意識のある人も取り込めそうといった採用の強みが見えてきます。

ここでは、架空の企業のイメージで紹介しましたが、ぜひ皆さんも一度採用関連のメンバーで集まってコンセプト設計のワークショップを開いてみてください。個々人に事前にコンセプトを書き出してもらい、1人10分程度の時間でそれをプレゼンしてもらいます。

これをやるだけで、今まで言語化できていなった自社の魅力が見えてきたり、思った以上に欲しい人材に個々人で違いがあるといったようなズレが見えてきたりします。

採用広報の始め方

ここまで採用のためにターゲットからの企業認知を向上させる施策、採用ブランディングについて主に理論的背景から説明してきました。では、どのように採用ブランディングを結実させるか。「採用広報」と呼ばれる情報発信のノウハウを紹介します。

採用広報とは、名前の通り自社の採用の情報を発信すること。これは、ただ就職情報サイトに画一的な情報を載せるだけのことではありません。より積極的に、より個々人に向けて情報を出していくことが期待されます。

情報に触れるチャネルが多様化し、情報発信のコストも下がっています。受け手によっては、「中の人」が一人称で語る、より発信者の顔が見える情報のほうが信頼されます。

マーケティングの世界では少なくとも三つの異なる場所でその情報に触れさせなければブラ

ンド認知に至らないという鉄則があります。採用の情報の発信においても「ターゲットがどこにいるか」を考えて、そこから情報発信をしなくてはいけません。

そこでまず、一番開始するハードルが低く、メリットが大きいのがＳＮＳとブログです。しかし闇雲に始めればいいというものでもなく、採用ターゲットがどの年代のどんな人たちで、普段どんな情報に接しているのかを細かくイメージしたうえでチャネルを選択する必要があります。同じＳＮＳでもFacebook/Twitter/Instagramではユーザーの属性が異なるため、採用ターゲットに近い社員の関心事や情報収集パターンについてヒアリングをすると誤差が少なくなります。

例えば若手デザイナーは日常的にInstagramでどんな写真にいいねをしているか、営業リーダーはどんなニュースを最近シェアしたかなどを社内でヒアリングしてみると良いでしょう。ブログはＳＮＳでの短文投稿に比べ、執筆の工数を多く必要とします。しかし、ブログ記事はＳＮＳでは構築しづらい資産を築けます。ブログは、その後の採用のあらゆる場面で資産として活用できます。記事のストックがあると、検索エンジン流入も期待でき、ＳＮＳではリーチしきれなかったターゲットに届く可能性も上げられます。

また、候補者への提案資料としても有用です。気になる人材をスカウトする際、初回のメッセージに候補者にマッチする記事を添付できます。相手の成長につながるような内容の記事、

カテゴリー	サービス名	URL
ビジネスSNS	Wantedly	https://www.wantedly.com
ビジネスSNS	LinkedIn	https://www.linkedin.com
Blogサービス	note	https://note.com
動画	YouTube	https://www.youtube.com/
SNS	Facebook	https://www.facebook.com
SNS	Instagram	https://instagram.com
SNS	Twitter	https://twitter.com

活躍を期待している職域の関連記事を送ることで意向度を高められます。面接前に面接官のプロフィール代わりに本人の登場する記事を紹介することも可能です。これだけでも、対面前の共感度をぐっと高めることができます。

ブログが拡散される経路をイメージすることも大切です。自社の社員や文化、専門性を魅力的に発信した記事が、本人によるSNSでの拡散を通じて社員の周囲にいる人を連れてくるからです。

優秀な人は優秀な人の周囲に集まるもの。自社のエース社員などをブログで取り上げることは採用広報におけるひとつのスタンダードといえるでしょう。

無料のブログサービスは数多く存在し、Wantedlyでも、簡単に企業ブログを作ることができます。ブログ初心者に向け、採用用途のセミナーを開催して使い方をレクチャーしているサービスもあります。立ち上げコストはかなり低いです。

SNSでもブログでも、大切なのは小さく始めてコツコツと続けること。まずは導入のしやすいサービスを選び、人事の作業が逼迫しないよううまく社内を巻き込んで記事の制作体制をつくっていきましょう。既存の就職情報サイトと、SNSを一つ組み合わせるだけでも、候補者からの印象は大きく変わります。

情報端末が普及したスマホ社会において、情報発信を始めない理由はありません。

早期接触を効果的に行う

この章では早期接触とそのための情報発信の重要性について触れました。

- 候補者が採用市場に出る前にアプローチする　「潜在層」の発掘
- 早期アプローチのためには情報発信により想起される存在になる
- 情報発信で大事なのは「透明性と一貫性」
- コンセプトが一貫性を支える
- SNSやブログによる採用広報を力強く推進する

就職情報サイトや転職エージェントの利用が悪いとはいいません。ただ、そこでうまくいかないからと費用を際限なくつぎ込んでも問題は解決しません。採用市場でジリ貧の戦いを繰り広げる前に、もっと有意義に候補者（潜在層）とコミュニケーションをしようというのが趣旨です。

CHAPTER 3

ファンづくりからはじめよう

選ばれる会社になるために、一人ひとりに向き合う

CHAPTER-3
01

採用のプロセスの変化

採用プロセスはどう変わって何をすべきか

採用のプロセスを押さえる

企業と働く人との力関係が変わると、採用についてのプロセスも変わってきます。順を追って見ていきます。

1　採用要件を作る

採用によって何の問題を解決するかを、採用に関わる人たちの中できちんと定義しましょう。

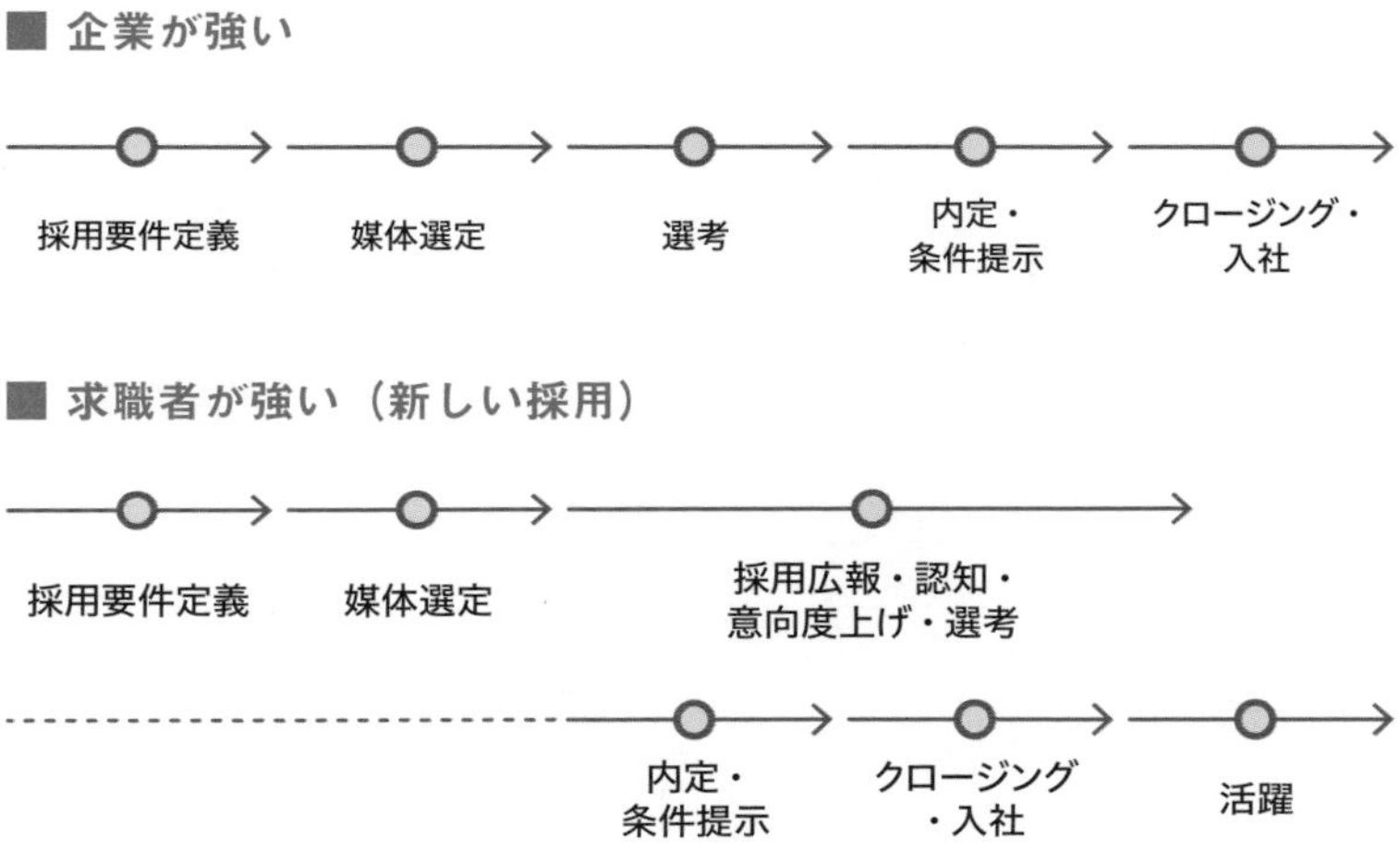

採用以外にも、現在在籍しているメンバーの異動・抜擢や教育をすることによって課題を解決する方法もありますし、自動化をして人間がやらないとか、外部委託をする方法もあります。

採用は目的ではなく、手段のひとつなので解決したい課題から考えるようにすると解決する手段の幅を広げることができるのでおすすめします。

採用で解決することに決まったら、ジョブディスクリプション（職務記述書）を作ります。

採用するポジションの次の項目を決めていきます。

- 職務の目的
- 職務の内容・範囲
- 求められる技能・経験・資格など（必須スキルと歓迎スキル）

●想定している給与や待遇

求人票を書いていくことで給与待遇やスキルの要件などは言語化できます。言語化が難しいとき、おすすめするのが採用したい人物像であるペルソナを作ることです。ペルソナに近い人物を社内外で探し、共通理解につなげます。採用の要件の輪郭がはっきりわかると思います。

社外のペルソナを探すにはWantedly、ビズリーチ（BIZREACH）、Green、LinkedInなどでスカウト機能を使って調べます。さらにそのような人たちがマーケットに何人登録されているかを検索して、出てきた人数で採用の難易度がどれぐらい高いかがわかります。難易度が高くなってしまった場合は、スキル要件や給与・待遇を変えることなどを検討してみてください。

会社が組織としてどんな人を採用しようとしているのか。そこがあやふやなまま選考を行うと、担当する人によって欲しい人材が違ってしまいます。これだと、選考で候補者を上に上げたときに「NO」が多くなってしまいます。こういった組織内での行き違いをなくし、かつ候補者が自分のスキルとの合致度などを見極めるためにジョブディスクリプションは欠かせません。

2　募集媒体を決定する

採用要件が決まったら、募集媒体を選定します。いくつかを組み合わせるのが一般的です。

†1

- ●求人広告
  - ・総合型求人広告
  - ・特化型求人広告
  - ・成功報酬型求人広告
- ●ビジネスSNS
- ●人材紹介会社
- ●DB（データベース）スカウト
- ●リファラル採用
- ●採用イベント
  - ・自社開催
  - ・合同説明会
- ●自社求人ページ

†1 ここでの募集媒体の分類は、「採用100年史から読む 人材業界の未来シナリオ」（黒田真行・佐藤雄佑著、クロスメディア・パブリッシング、2019年）を参考にしました。

●その他（SNS・自社サービス）

求人広告はいわゆる就職情報サイト、転職サイトです。リクナビネクスト、ｅｎジャパンなどの総合型、職種や地域などの特化型があります。掲載期間に対して費用が発生するものや、月額費用固定のものなどあります。

ビジネスSNSは、ビジネス特化のSNSです。海外ではLinkedIn、国内ではWantedlyなどが該当します。

人材紹介会社（エージェント）は登録された人材の紹介やヘッドハントを担います。総合型リクルートエージェント、dodaなどから職種特化・エグゼクティブ向けエージェントなど各種あります。

DBスカウトは、ビズリーチなどが代表です。これは人材紹介会社に依頼していた人材要件を伝えて候補者を選んで送ってもらう活動を自社で直接DBに検索をしてスカウトメッセージを送って採用をするものです。手間はかかりますが、人材紹介会社では紹介してもらえないような人にも自社の魅力を伝えることで採用できる良さがあります。

リファラル採用は、最近注目されている手法で自社の社員に知人や元同僚などの紹介をしてもらい採用を進めます。

採用イベントは、自社のみで開催するものと、合同説明会に参加するやり方があります。自社のみの開催は自社に興味を持っている人が来るので採用につながりやすい代わりに集客が大変です。合同説明会は自社のことを知らない人にも会える代わりに多くの会社の中で興味を持って選考に進んでもらう大変さがあります。

自社求人ページは、フォームから応募する人が少ないことも多いので軽視されがちですが、きちんと管理すべきです。求人広告を見て興味を持ってくれた人が訪れることが多く、Indeedなどを運用する場合には求人ページを軽視している＝採用に力を入れていない会社と見られて全体の応募が少ない原因にもなります。

Wantedlyなどのサービスを使っている場合は、自社求人ページをそのサービスのページにすることをおすすめします。更新箇所を一つにすることができ、採用管理システム（ATS＝Applicant Tracking System）の求人ページ作成機能を活用できるので、内容を充実させやすくなります。

求人媒体以外でも効果があるものがあるので、自社の得意なものに合わせて考えてみてください。SNSは、通常の運用に加えて、Facebook/Twitter/Instagramの広告の機能を使うことで求人広告やイベントの募集を出せます。自社でサービスをしている事業の方は、メールマガジンや納品書などの自社のサービスの一部に募集をしていることを記載するのをおすすめします。自社サービスを使っている人は共感を持っている方が多いので良い採用につながります。

たくさんの求人方法があり、仮説を立ててターゲットに合わせていくつかを選定し、試行錯誤するというようなプロセスが必要になります。

選定時、営業担当がいるサービスに対しては、次のポイントの確認をおすすめします。

- 採用要件で絞った人たちが何人ぐらい登録しているのか
- 他社で同職種で募集をかけたときにどれくらいの応募があったのか
- 1人あたり採用コストはいくらになるか

3　認知を上げる（採用広報・認知・意向上げ）

CHAPTER 2を参照してください。

4　選考

選考は、カルチャーマッチ（企業文化や既存社員と合うかどうか）とスキルマッチ（能力的に要件を満たしているか）に分けることをおすすめしています。

スキルマッチは就職・転職が顕在化してからでないと確認が難しいからです。早期接触をしていく中ではカルチャーに合う人かを見るのと、自社への魅力づけを先にしておくことが重要です。

早期接触をカルチャーマッチや魅力づけに振ることで、その人の転職が顕在化したときに就職・転職先として想起される会社になれます。これは行き先がいくらでもある優秀な人材に自社を選んでもらうには大事なことになります。

認知の活動とカルチャーマッチを知る、共感してもらうのにはカジュアル面談が非常に相性が良いです。このCHAPTERでは、カジュアル面談というものがどういうもので、どう使っていくとよいかを説明していきます。

CHAPTER-3

02

候補者との接触を「ソフトな選考」に

カジュアル面談の実施方法

カジュアル面談とは何か——まずお互いを知ってから

労働人口が減り続ける日本で、一発勝負で網を投げ入れる確率論だよりの採用はますます難しくなっています。そこで、ミスマッチを減らしてピンポイントによい人材にリーチするために、「採用において企業よりも候補者のほうが強い」というパワーバランスの変化を踏まえた、新しい採用アプローチが必要になります。

採用とは「自社に入りたいと強く思っている人」をふるいにかけるものという思い込みを捨

て、「理想の候補者」にどうやってリーチしていくのかを考えるべきなのです。

従来の採用は応募書類の提出などを通じて候補者側に負担をかけることを前提にフローを組み立てていました。しかし今は、情報技術の発達によりありとあらゆることが効率化され、形式張った重厚長大なプロセスよりも、より気軽で負担の少ない選択肢のほうにユーザーが流れる時代になっています。就職・転職活動においてもまったく同じことが起こっています。

そこで重要になるのが、「カジュアル面談」というキーワードです。カジュアル面談とは、通常の採用面接とは異なり履歴書やエントリーシートの類を必要としない、名前の通りカジュアルな面談スタイルです。本選考の前の工程に位置づけられるものです。

カジュアル面談は採用面接とは異なります。選考に関係なく一度お話をしましょうという対話の場です。

採用面接と比べ、お互いの「本気度」は必ずしも高くありません。あくまでもお互いの意向度、転職に関する意識、自社で提供できる仕事のやりがいなどを交換するためのカジュアルな機会を設けるのが目的だからです。これは建前ではありません。私たちも気になる候補者と会い、最近の仕事事情や自社の課題だけ話して終わり、採用面接にはつながらないことも少なくないです。

カジュアル面談を初期接点とした転職スタイルは急速に広まりつつあります。ＳＮＳでつな

■ カジュアル面談からはじめよう

がりができれば、あるいはWebサービスでボタンをひとつ押しさえすれば企業と候補者が話をできる気軽さがウケたからです。「まずはお茶でもしながら情報交換しませんか?」ぐらいの気軽さがあれば当然、通常の求人エントリーに比べて候補者の心理的ハードルがぐっと下がります。

候補者にとってエントリーシートの作成や職務経歴書の作成というアクションを起こすのはなかなか腰が重いことですが、少し話を聞くだけならそこまでの負担ではありません。大した労力もかからず、自分のキャリアや他社の事業内容について語れるのであれば、応じようという人も少なくはないはずです。

採用側の企業にとっては、カジュアル面談はいたずらに選考プロセスを長くするだけと思われるかもしれません。しかし、候補者側のハードルが下がったことにより、企業は「従来の求人方法では会えなかったようなレベルの高い候補者にも会えるようになる」という計り知れないメリットを享受することになります。

どれだけ優秀な人材であっても、置かれた環境によっては活躍できないケースがあることはある程度納得いただけるでしょう。そういう人材が自社に来てくれれば、きっと活躍してもらえるはずです。あるいは、今の境遇に満足している人でも、自社に来てもらえればさらに社会にインパクトを与えられるということもあるでしょう。

これまでの採用において課題だったのはそういう「いい人」が市場には一定いるはずなのに、なぜか採用しようと思うと彼らにアクセスできないこと。その人に会うために、求人媒体での露出量を無理をして増やさなくてはいけませんでした。一方でカジュアル面談は、候補者側の心理的負担をなくすことによってこの課題を解決することができるのです。

候補者も採用側もうれしい。双方良しのスタイルが「カジュアル面談」です。

カジュアル面談は実は新卒採用にも使える手法です。新卒採用では、学生は面談の場で内定を取ることを目的に話す内容を最適化する（盛る）ことが少なくありません。本心では企業とのズレがあってもそれを取り繕って面接を通ってしまうと、離職につながることが多いです。

カジュアル面談では、相手も「絶対に落ちられない」という状況ではなく、こちらも「見極め

■ カジュアル面談と採用面接の違い

	カジュアル面談	採用面接
選考（相手の合否を判定するものか）	選考ではない。	選考。
どの程度の人員が必要か	現場の社員１名〜２名程度	工程によるが、現場の社員２名程度に加えて、部門長や社長などが加わる。
候補者側の事前準備	とくになし。	履歴書や志望動機などの準備・提出。
企業側の候補者集め	口コミ（リファラル）による社内推薦、長期インターン経由の学生、SNS経由での応募・スカウトなど。	求人媒体への出稿、自社サイトへの情報掲載、転職エージェントの利用など。

る」という態度ではないため、素直にこの先にやりたいことにフォーカスして話が進められます。

カジュアル面談の設定方法

カジュアル面談に呼ぶ人をどのように選定するか。求人に応募して来た人に会うことはもちろんWantedlyやLinkedIn、FacebookやTwitterなどSNSなど本人が開示している情報から、職歴やスキル、この先やっていきたいことや人柄などを見て採用要件やペルソナに合いそうな人へスカウトメッセージを送って返信があった人と会ったりします。

例えば中途採用でカジュアル面談を運用することを考えてみます。営業部門に戦力がほしい、今までは求人サイトで営業経験5年以上の業界経験

■ カジュアル面談を取り込んだ採用

■ カジュアル面談のない採用の例

者ということで募集をかけてきたが応募数があがらず、来てくれた人もピンとこないといった状況を想定します。ここで、同業他社に勤めていて実績がありながらも社内で評価されていないAさんという人物がいたとします。

今までの採用なら、どうにかAさんのような人物が来てくれるようにと求人媒体への情報掲載量を増やして、さらにエントリーシートを書かせることで採用を進めていたわけですが、カジュアル面談は違います。カジュアル面談の方法論ではAさんとコネクションをつくり、オフィスや喫茶店で現在の仕事に関してお互いに意見を交換するところから始めます。

いい人がいるなら、その人にすぐ声をかけて、エントリーシートを書いてもらう前にまずはお話をしようというのが「カジュアル面談」です。

具体的に、企業はどうやってカジュアル面談の場を設定すればいいのでしょうか。アメリカではカジュアル面談は“coffee meeting”などの名前で知られており、LinkedInなどのビジネスＳＮＳ上や懇談会など、お互いの人となりがわかる場で「一度お話しませんか？」と話しかけるのがその基本発想です。このようにフランクなやりとりを通じて自前で機会を作ることは、まだ日本ではそこまで一般化していません。気恥ずかしさや転職に対する意識の違いによる違和感もあるでしょう。

日本では、カジュアル面談をはじめるときによく使われるのがWantedlyです。また、TwitterやFacebookなどのＳＮＳも人気です。Wantedlyならカジュアル面談用の機能、ＳＮＳならプライベートメッセージ機能で、気になる人にコンタクトをとります。

「キャリアのことについて、お茶を飲みながら相談させていただけませんか？」「焼肉を食べながら、〇〇さんの現在のお仕事や、弊社の課題についてお話できませんか？」こんなかたちで、カジュアルに、飲食などとセットで面談の機会をセッティングすることが多いです。コロナ禍の現在では、オンラインミーティングをしつつ、企業によっては先方にお取り寄せグルメセットなどを送って新しい形で会食をしているところもあります。

「弊社に遊びにきてください！」というような、誘い文句を使う方もいますが、筆者としてはキャリアの相談を軽くでもしたいときにはあまり適切だとは思いません。

さて、カジュアル面談がその名の通り「カジュアルな」面談機会だからといって、誰にでも声掛けすればいいかと言えばもちろんそうではありません。あくまで採用プロセスの一環です。一定のスクリーニングは必要になります。これまでは候補者の見極めのために企業は履歴書など書類の提出を求めていたわけですが、今では多くの候補者がＳＮＳで仕事の情報について投稿しているので、その内容をみておおよそのスキルレベルを判断したり、もしくは日常的な投稿内容をみてカルチャーフィットするかどうかを判断したりすることができます。

ＳＮＳや採用プラットフォームでスクリーニング精度を高めるためのコツは、現場の知見を活用すること。部門マネージャーからこの作業への協力を引き出すことで成功の確率があがります。候補者のプロフィールのＵＲＬを共有して、「この人どう思います？」と聞いてみるなど、小さなことからトライするようにしましょう。

ウォンテッドリーではカジュアル面談で話してみたい人材はボトムアップで現場の社員や人事担当者が上げています。誘いたい人材の「氏名（ハンドルネームなどでも可）」「転職意欲」「自社にその人がほしい理由（スキルセットなど）」「カルチャーマッチ度」をまとめて、採用チームで共有しています。

カジュアル面談の設計

カジュアル面談では実際に何を準備し、何を話せばいいのでしょうか？　具体的な会話の例はP.124でも示していますが、ここでは大きく全体像を解説します。

0. 候補者の検討&WantedlyやＳＮＳでのメッセージと面談のセッティング
1. カジュアル面談であることを説明（キャリアについてざっくばらんに話したいこと、いわゆる採用面接ではないこと）
2. アイスブレイク・自社の紹介
3. 候補者の現在のキャリアに関するヒアリング（仕事内容、仕事への満足度、転職についてどう考えているかなど）
4. 3を踏まえて、自社の現在の強みや課題の共有。この段階でカルチャーやビジョンについても触れて、候補者と自社のマッチ度合いを探る
5. クローズ
6. 候補者の転職意向度などの情報を社内で共有。本選考に応募してもらいたい場合は後日連絡する（選考に進む場合は当該職種の給与レンジや待遇など求人に必要な情報を送る

必要があります)。

カジュアル面談では志望動機は話しません。相手が志望していないのだから当たり前のことです。カジュアル面談で重要なのは、相手のキャリアの話を引き出して、自社がそこにどうマッチするか情報を提供することです。自社を選んでもらうという前提で、全体を設計します。また、具体的なキャリア相談や最近の採用事情などを話すのも推奨しています。本当の意味で、カジュアルにキャリアの話ができる場にすることで、相手からの信頼感も引き出せます。

カジュアル面談で何を話せばよいか

候補者にとっても、企業にとっても、カジュアル面談は1対1で相手との相性を探る時間。だからこそ、その場では一方的に質問する、判断することはナンセンス。あくまで、お互いをよく知るためのコミュニケーションの場であることが採用面接との大きな違いになります。

本選考フェーズに進む前にお互いのフィーリングを確かめる機会が必要とされるのは、これまで確率論に左右されていた採用領域に、確実性のある出会いをもたらすためでもあるのです。対話を通じ、キャリア感や事業内容、文化などに共感を形成しながら進めていきます。

カジュアル面談を行う上で重要なのが、候補者に志望理由を聞いてはいけないということ。なぜならば、カジュアル面談とは「志望理由を作る（意欲をあげる）」ことを目的とした場だからです。カジュアル面談に参加する候補者もまた自社との相性を見定めにきているわけですから、一方的に志望動機を聞かれると印象が悪くなります。候補者と企業がフラットな立場で話す機会であることを念頭に、「本日はオフィス見学を兼ねた情報交換の場だと思ってください」というような一言で候補者側の緊張をほぐしましょう。

相手が自社のことを知っている前提で話をするのではなく、自社の魅力が候補者に伝わっていないことを想定し、まずは自分たちの紹介から開始しましょう。近年では、カジュアルな雰囲気のなか事前に準備した会社紹介資料を見せながら候補者に自社をプレゼンするという試みも広がっています。面談する担当者のプロフィールもメールなどで事前に共有することをおすすめします。

ウォンテッドリーではカジュアル面談の担当者は人事に限りません。カジュアル面談は事業部の担当者と人事担当者の二名が受け持つことが多いです。現場の人間は応募者と共感できる話題が多いですし、リアリティのある課題の共有や文化の伝達ができるからです。

企業は困っていることがあるから採用活動をしているわけであって、できるならその課題を面白がってくれる人と一緒に働きたいはずです。なので自分たちの困っているポイント、例えば事業規模が拡大しているのに若手から中堅の営業が不足しているといった課題を共有しつつ、候補者が転職をどう考えているか、キャリア観や現職への不満というところを聞き出す。いわばお互いの感触の共有、探り合いが最初のうちの接触にはふさわしいでしょう。

まずは理念や事業や人の魅力、つまり「僕たちの会社はこういう理由で人が集まっていて、そのためにこういう事業を展開していて、こういうカルチャーを作っている」という話を資料を交えつつ話すといいでしょう。この説明は人事が行ってもいいですが、現場の人が面談に参加して話をするステップを設けたほうが、候補者が実際に入社した際に誰とどんなふうに活躍できるのかをイメージしやすくなるのでおすすめです。

カジュアル面談は一回きりというものではありません。候補者の志望度が上がらなければある程度期間をおいてから再会したり、相手もこちらも話し足りなければ何度も行ったりと幅があります。

選考前のゆるやかな見極め――ソフトセレクション

カジュアル面談とはいえ、採用の一連のプロセスの中で構築されるものなので、単なる雑談に終始してはいけません。当然、キャリアに関する話が中心になります。必須ではないものの、多くは採用前の選考を兼ね、ある程度お互いが転職採用に対して前向きなら本選考に進みます。そのため、本選考（セレクション）に対して「ソフトセレクション」と呼ぶこともあります。

では、カジュアル面談、ソフトセレクションの強みはなんでしょう。

一つの軸がより多くの層へのアプローチ。従来の面接手法はお見合いに近い形態のものでした。つまり、お互いにすでに結婚（転職／採用）の意思がないと、そもそもその場に集まることがなかったわけです。これで企業がリーチできるのはその時に求職中のごく限られた層です。カジュアル面談は、候補者に転職意思がなくても会う機会をつくれます。単純に考えて、求人サイトに掲載するよりもその分より広い層にリーチできます。

もう一つの軸がより深い共感です。正直なところ、履歴書や面接での対話だけで相手と自社がどれだけマッチしているかを測るのは不可能です。候補者が企業に興味関心を持つ理由は本当にさまざまです。企業のビジネスモデル、製品やサービス、あるいは制度や仕組み、根底にある哲学やカルチャーなど、何が候補者の気になる対象なのかは、なかなか企業側はうかがい知ることができません。

そうした興味関心は従来の採用面接の場では、お互いに「採用したい／されたい」というバイアスがかかるため出しにくくなります。たとえ話しても表面的なことになってしまいがちです。長く働いてもらうためには、候補者が自社に興味を持っているか、共感してくれているかは大事な軸です。それなのに今までの採用ではこれらの判断軸がこぼれ落ちていました。

今までの採用の間隙を埋め、候補者と企業のズレが少なくなるのが、カジュアル面談です。実際、カジュアル面談のほうがお互いの見極めがしやすいのも大きなメリットでしょう。少し奇妙な言い方ですが、従来の採用面接よりも「本気度が低い」からこそ、お互い出せる情報もあります。

エントリーシートに書かれたいかにもな志望動機や、会社の代わり映えのしない求人情報よりも、生で会って話し合ったことで得られる情報や生まれる共感は貴重です。

ソフトセレクション段階で大事なのはカルチャーマッチを見極めること。

カルチャーマッチとは、お互いに大事にしたい価値基準や考え方、仕事のやり方、将来に対するビジョンなど一般的な履歴書には表れない部分がどれだけマッチングするかを判断するものです。採用面接などのフォーマルなやりとりでは、入社する・採用するという目的が優先されるためお互いにカルチャーマッチの判断が難しく、だからこそカジュアル面談に意味があります。「ちょっとお茶でもしませんか?」の距離感で話すことができ、もしカルチャーマッチが感じられて気が合えば「選考に進みますか?」という感覚のものです。

カルチャーマッチをどう判断するか、というのは難しい問題です。ウォンテッドリーでは、カジュアル面談に立ち会った2人がぜひ選考に応募してほしいと思った場合、または候補者の方が応募する意思を出してくれた場合は、その先の選考にお誘いするようにしています。

履歴書・職務経歴書をベースにしたスキルマッチは、過去行ってきたことの情報から「どの程度のスキル・パフォーマンスを自社でも発揮してくれそうか」を類推する、いわば再現性を確認するプロセスです。それに対してカジュアル面談は、企業側が向いている方向と候補者が行きたいキャリアの「未来」をベースにお互いの相性を判断し、お互いのベクトルがどれだけ重なっているかのカルチャーマッチを確認できる場になるのです。

スキルマッチに加えてカルチャーマッチのステップを設けることで、入社後より深く・長く良好な関係を築ける可能性が高まります。

もちろん、一緒に働く仲間になるかもしれない候補者のスキルを見定めることは採用において大切なことです。しかし、スキル評価は本選考に進んでからでよいと思います（P.133参照）。ただ、話が盛り上がる中で候補者の力量がうかがいしれたりすることは往々にしてあります。そういう意味でソフトセレクションを経ることで履歴書でフィルターをかけるよりも本選考の精度があがるというメリットもあります。そして何よりカジュアル面談のほうがレベルが高い人と出会える可能性が高まる……ソフトセレクションが採用の質の向上に寄与するポイントはこれだけあるのです。

カルチャーマッチの重要性について考えるためには、「一緒に働き、最大の成果を出してもらう」という採用のそもそもの目的に立ち返る必要があります。ただ人員を補充して業務を回すだけが目的なら、労働力のアウトソーシングなど他の手段を採ることもできるのです。しかし、同じ方向を向いて事業を前に進められる、会社にいてもらうことで周囲にポジティブな影響を与える……こうした仲間に出会うためにはカルチャーマッチは欠かせません。

そもそも、企業にとって「カルチャー」とは何なのでしょうか。それは、働いている人がつくり出す職場の雰囲気にとどまらず、企業のビジョンや行動指針、評価制度や福利厚生など含めた働き方までかなり幅広く捉えることができます。広義のカルチャーとは、「企業の今とこれから」と言い換えても良いかもしれません。

地方創生に関心のある人が、地方経済の活性化に事業を通じて貢献している会社に入ったとする。当然楽しいことばかりではない中、何をしたいのかが合っていることによって踏ん張りがきくということがあるでしょう。自分が実現したいことを会社のリソースを使ってできるというアドバンテージは稀有なものなので、長続きします。社員の活躍するポテンシャルを最大化するということが、カルチャー採用を推し進める最大のメリットです。

カルチャーが合わない例も考えてみましょう。グローバルカンパニーを志向している企業があり、将来的に公用語が英語になる可能性を検討しているとします。そこに英語が嫌いな候補者がやってきて運悪く選考を通ってしまうと、居心地の悪さを感じながら働くことになります。

多くは辞めてしまうでしょうし、残ったとしても企業の未来にポジティブな影響は与えないでしょう。それではお互いにもったいない出会いになってしまいます。

カルチャーマッチは候補者を尊重しつつ、事業をより強く前に進めるために欠かせないものです。「入ってみたら／入れてみたら違った」というのは、解雇規制が強く、短期転職への印象が悪い日本ではお互い取り返しのつかないことになりがちです。

ソフトセレクションはカジュアル面談だけを指す言葉ではありません。「自社イベントへの参加」「学生の長期インターンシップ」などさまざまなやり方があります。インターンシップについてP.138で解説します。

カジュアル面談は一方的な審査ではない

カジュアル面談なのに企業側が一方的に候補者をジャッジして「今回は残念ながらご期待に添えず云々」という、いわゆる〝お祈りメール〟を送ってしまうという事例をよく見聞きします。恥ずかしながら、筆者も以前同様のミスを犯しました。

そもそもカジュアル面談は選考の場ではありません。にもかかわらず、急に選考を始めたら候補者の不興をかうのは当然のことでしょう。「弊社に興味があれば少しお話しませんか？」

と誘って相手が来てくれたからといっても、それは別にこちらにジャッジをしてもらいたいわけではありません。

候補者にしてみれば「自分はその企業に入りたい」とは言っていないのに、一方的にフラれるようなもの。そもそも今はもう企業は選ぶ側ではなく、お互いに選び選ばれる関係ですからあくまでフラットな立場、カジュアル面談のあとにはマッチしなかったときでも「ありがとうございました。お会いできてよかったです」というぐらいにするのが良いのです。このほうが後々の関係性維持にもつながりやすく、いざポジションが空いた時には声を掛けることができます。

カジュアル面談の効果をあらためて振り返ってみましょう。

1. 候補者の負担が少なく、志望度がまだ高くない優秀な人材とも出会える
2. カルチャーマッチを軸に、入社後の活躍をうらなう志向性の判断ができる
3. 採用に至らなかったとしても候補者との関係を維持しやすい

もちろん、カジュアル面談だって完璧なわけではありません。カジュアル面談を起点とした採用プロセスは自ずとリードタイムが長くなるため、常に先を見越して募集を出し続けるこ

とが必要です。Wantedlyなどを利用して、とにかくカジュアル面談に候補者を誘い続けましょう。

スカウトを活用することで短期的にカジュアル面談の実施数を底上げすることができます。DBスカウトや採用プラットフォームに掲載されている候補者のプロフィールをもとに、カジュアル面談への参加を促すメッセージを送りましょう。その際に履歴書の提出などを求めないこと。繰り返しになりますが、候補者はカジュアル面談に話をしに行くのであって、ジャッジされに行くわけではないからです。

その他にも、自社でイベント（ミートアップ）を開催し人を集めるという手段もあります。特定の職種コミュニティを対象に専門性の高い情報交換の場を設ける、社員が友人を連れてきやすいカジュアルなピザパーティーを開くなど、アプローチはさまざまです。

カジュアル面談に代表されるソフトセレクションは一発勝負ではありません。候補者のステータスや志望度に合わせて「転職タイミングを待つ間の温度維持」「接触機会を増やして魅力を上げる」「疑問・不安の解消」といった目的別にアプローチを行うことが重要です。

初回接触時の見極め軸

企業は「選ぶ側」ではない

ただでさえ忙しいのに、カジュアル面談までやるとなると工程が増えて面倒だと感じる方もいらっしゃるでしょう。それでもソフトセレクションを行うべき理由として、企業はもはや一方的な「選ぶ側」ではないということを認識しておく必要があります。つまり、どうやったら候補者に選んでもらえるのか、そもそもどうしたら出会えるのかを考えていかないといけないわけです。

企業が選んでもらう側になる中で重要なのは、自社にマッチする候補者が気楽に企業に接触できる環境を整えることです。「企業と会うこと＝採用面接に臨まなければならない」では、お互い失敗できないという緊張感から形式的なやりとりが中心になってしまいますし、よほど志望度の高い人としか会えません。

そうではなく、会って聞きたいことを聞いて、感じたいことを自由に感じてもらえるだけで大丈夫ですよというように候補者の心理的ハードルをいかに下げられるかが重要になってきます。

自動車販売でいえば、いきなり販売店で商談するのはとてもハードルが高いです。軽い気持ちの試乗だけで販売店には行きづらいこともあります。自動車販売店側もそういう顧客心理がわかっているので、よりカジュアルな接点を作ることを考えています。例えばショッピングモールのイベントで自動車が展示してあり、自由に触れることができたらどうでしょう？　買う意志はなくても自動車に触れることでお客の方がニーズを実感するかもしれません。カジュアルさによって、今までだとなかなか獲得が難しい顧客にリーチできるようになったわけです。

カジュアル面談は一緒に食事をしながら話すと、ざっくばらんな話を聞けることが多いです。候補者は、食事がメインでキャリアはあくまでもおまけぐらいに考えていることも多いので、素直な話ができます。食事で共通の体験を作って仲良くなるのは有効です。

事実だけでなく自分たちの目標や哲学までも伝える

カジュアル面談に来てくれた候補者は基本的に「企業の中身について知りたい」「その企業に、自分が就職や転職をして得たいもの、大事にしたいものがあるか知りたい」と思っています。

ですから、候補者の興味関心の軸に合わせて、さまざまな質問をされます。

そういった個別の興味関心に対しては画一的なメッセージを伝えても響かないわけです。その際に大事なのは、候補者から聞かれたことに対して「具体的にきちんと答えていく」という誠実なやりとりになります。相手は企業紹介のパンフレットを見に来たわけではないので、美辞麗句で飾らず、現状を率直に共有すべきでしょう。

ただ、このとき大事なのが、現状を共有するだけで終わらないことです。その裏側にある哲学や、思い描く未来図がないといけません。

売上規模が拡大しているから入ってほしいと言われても、向こうにはそこまで響きません。「我々は全国No．1を目指していて、こういう数字を達成したいと思っているがまだ達成できていない。この局面で営業に強い人に入ってもらえれば今まで以上の成長ができる」のように自分たちの企業が目指す姿と、そこに候補者が入ったらどうなるかイメージできる言葉がなければいけません。

「人手が足りないので誰か入ってください」というのと、「××という課題があり、ここを解決して〇〇な状態にもっていきたいです」というのではどちらが惹かれるでしょう？　すぐ人手がほしいのが事実で相手が適任だとしても、自分本位な呼びかけでは選んでもらえません。

候補者から聞かれる項目はある程度要素として絞られてきます。私たちも、カジュアル面談の担当者はここを軸にトレーニングしています。（P.184参照）

質問内容は、いわゆるマーケティングの４Ｐと同じ、「企業の魅力因子」として見ることができるものです。

Philosophy（哲学・姿勢）、Profession（業務の中身・事業内容）、People（人材・風土）、Privilege（待遇・特権）。これらの要素が満たされることで、その企業に対する魅力度が高まるとされるもの。そうした要素について候補者から聞かれることに答えるわけです。このときに重要なのが事実を並べるだけの説明にしないこと。ただ事実を伝えるのではなく、その事実を生じさせている原因、つまり前提となる企業の方向性なども交えて答えていくことが重要になります。

自分たちの会社は事業戦略をこのように考えている。それはこうした企業としての哲学、姿勢があるからである。だから、こういった人たちが必要とされ活躍している。今いるメンバーには、そうした点でこのような共通項がある。

このように、企業の考え方や「ＷＨＹ」に紐づいて伝えるのが最も大事なのです。淡々と事実を並べるだけなら、Ｗｅｂサイトにでも情報を掲載しておけばいいわけです。企業の中にいる人間が、きちんと自社の狙いや考えを把握した上で面談をするからこそ伝えられ

■ 企業の魅力因子（4P）

Philosophy	会社のMVV　大事にしていること　事業の将来性
Profession	どのような仕事を任せることになるのか、将来的にはどのようなキャリアにつながるのか
People	経営メンバーの性格　一緒に働くメンバーの性格や得意なこと
Privilege	給与・ストックオプションの条件面や働きやすさなど

る情報があることを心がけるべきです。

従来の採用市場では、採用側が候補者を見極めるという意識が強くありました。ですが、今は候補者の側から「見極められる」ように情報提供をしていく必要があるのです。主役は企業ではなく候補者です。

さまざまなソフトセレクションの機会は、候補者が見極められるように情報提供を行う機会でもあり、そこでセルフスクリーニングを促し、最終的なマッチ率を高めるためでもあるということです。

候補者の知りたいことに率直に答えることで、納得感を持って判断してもらいやすくなります。また、ＷＨＹを伝えることは「ズレ」の認識にも欠かせません。「こういった理由でこういう事業のやり方をしているので、こういう働き方になる、こんな人の場合は合わないと思う」ということも言うことができます。そうした話ができると、お互いにきちんとした見極めがしやすくなるわけです。

カジュアル面談の具体例

カジュアル面談の実施例を紹介します。この例では人事部の人間がカジュアル面談を申し込んでいます。（私たちの具体的な実施の情報はＣＨＡＰＴＥＲ ４でまとめます）。

①自社でリスト化された候補者にカジュアル面談を申し込む

自社で候補者リストを作成しておき、興味のある人材、自社が今後強化したい領域の人材に声をかけます。今回は、ある企業の営業職の方にFacebook経由で連絡した例を示します。

ＹＹ：○○さん、ご無沙汰しています。ＸＸ社のＹＹです。■■社に入って3年ぐらい経過したと思いますが、お仕事の方いかがですか？　お仕事やキャリアのこと、ざっくばらんにお話しする機会をいただけないでしょうか。

○○：いいですよ。コロナの感染拡大もありますし、Ｚｏｏｍでいいですか？　来週の金曜日だとうれしいです。

YY：ありがとうございます！　それでは、金曜日のX時にお願いします。弊社の営業も同席させていただきます。
○○：了解です。

さて、短いやりとりですが、エッセンスはつまっています。

まず、その人個別のやりとりで誘っていること。不特定多数へのメッセージを出しても、本来話を聞きたい人には届かないことがほとんどです。

次に、3年勤務して次の社内外キャリアを考えている人に声がけをしています。このタイミングの人は、仕事も安定してきて、外部の会社の情報も気になることが多いなど相手の状況を考えて送っています。

また、日時のセッティングなどは相手に主導権があります。カジュアル面談に限らず、採用はあくまでもお互いが対等な関係です。貴重な時間を割いてもらうという意味で、むしろこちらのために時間を割いてくれる候補者の都合を尊重すべきです。「面接してやる」「キャリア相談してやる」という態度ではいけません。

人事だけでなく現場の人間も参加することもポイントです。このとき参加する現場の担当者は、役職者でなくてもかまいません。

最後に、最も重要なことですが「採用」という言葉は使っていません。大きな意味では採用目的ではあるものの、即採用につながる内容ではないため慎重に言葉を選ぶべきでしょう。

快諾いただけた例を示していますが、もちろん今は興味がないと返される可能性もあります。そのときは、またの機会に期待して次に移りましょう。

②カジュアル面談を実施する

候補者の了解がとれたら、早速カジュアル面談を実施します。

YY：○○さん、本日はお時間をいただいてありがとうございます。私、人事のＹＹと営業のＺＺが今日はお話させていただきます。いわゆる、「採用」ではなく、我々の課題や○○さんの近況などお話しできればと思います。

○○：はい。よろしくお願いします。

YY：いきなりですが、今のお仕事どうですか？

〇〇：はは（笑）。大手企業の提案とかやってますね。新規というよりは、既存顧客のフォローが中心かな。大きな金額が動く仕事なので、そういう楽しさはありますよ。

ZZ：なるほど。今は大手企業のご担当なんですね。〇〇さん、以前★★社にいたときは新規顧客の開拓とかやってましたよね？　ちょっと仕事内容が変わった感じですかね。

〇〇：そうですね。0→1の仕事から、10→100というか、お客さんとの関係を維持・発展する感じの仕事になりましたね。

ZZ：やりがいはどうですかね。新規開拓と顧客の維持は別種のものだと思うんですが。

〇〇：楽しいですよ。もうプロジェクトに入って3年経ちますけど、結構毎日刺激的です。

ZZ：いいですね。毎日楽しいのは。実は我々は今、もともとあったXYZLabとは別の新しいサービスを立ち上げる予定なんです。全然お客さんの感じも違うので、〇〇さんの提案力をお借りできればと思って……。ちょっと今お仕事どういう感じかお伺いしたかったんです。

〇〇：なるほどー。そういう意味だと、今はそのあたりには興味ないですね。御社って給料いいけど結構ガッツリ働く系じゃないですか。そういう働き方も苦手なんですよね。

YY：あ、新サービスは営業チームも他社からマネージャーを招聘しつつ立ち上げたので、雰囲気は違いますね。だいたい9：00～19：00ぐらいで上がってます。残業代がそんなにつかない分、給料はちょっとイメージいただくのとズレてくると思います。
〇〇：へー。でも今はちょっと興味ないですね。すみません。
YY：わかりました。お時間いただいて、ありがとうございます。

カジュアル面談の例をごくかんたんに示しました。実際にはアイスブレイクや、候補者へのより詳細な聞きとりや情報の提示があるのでもっと長い話になることがほとんどです。

ここで大事なのは採用面接ではないことを最初に明示していることです。たまに、「カジュアル面談」だから気軽に弊社にお越しくださいと誘っておいて、スーツを着た役員で囲んで「採用面接」を行ってしまう企業が存在します。当たり前のことですが、相手を偽の目的で誘うような企業は信頼されません。カジュアル面談として誘ったからにはカジュアル面談を全うしましょう。

次に、相手の現在の状況を聞き出す、相手が主役の面談をしていることです。相手起点でどうすれば自社に興味を持ってもらえるかというところから話を展開します。カジュアル面談は相手のキャリアと自社の現状を丁寧に話していくことで、温度感を探る場です。スキルレベルを測る、志望動機を聞くというような「採用面接」の質問をする場ではありません。

自社アピールの場として機能させることも重要です。

カジュアル面談だからといって、ただ楽しく話して終わりというわけにはいきません。ある程度は情報をまとめる必要があります。私たちは「候補者の転職意欲」「候補者の自社の意向度（転職するとして自社がどの程度の位置にいるか）」「カルチャーマッチ（自社や部署の文化とどの程度マッチするか）」を必ず聞き出すようにしています。また、これらの内容は採用面接をオファーするかなどの情報に活かすため、社内にデータを記録します。このデータを基に、好ましい候補者へは面接をオファーするというのがカジュアル面談の基本的なフローです。

大原則は「候補者中心」「自社をアピールする機会」「Ｎｏｔ採用面接」の三つです。この原則を無視して、カジュアル面談とは名ばかりの採用面接として運用している企業が少なくありません。こういう運用をする企業は、往々にして悪評が広まってしまいます。もしも心当たりがあれば今からでも改めましょう。

③面談後のコミュニケーション

カジュアル面談が終わりました。次にとるべきアクションは二つ。ここではマッチしなかった例を二つ、マッチした例を一つ示します。

・マッチしなかった例（相手の転職意向度が低い）

○○さん、先日はお忙しいところありがとうございました。お話大変参考になりました。今回はまだ転職に興味があまりないということでしたが、事業は拡大していますので、また折を見て、ご興味持っていただけそうな弊社の事業やポジションなど紹介させてください。
今後ともよろしくお願いします。

・マッチしなかった例（カルチャーのズレ）

■■さん、先日はお忙しいところありがとうございました。お話大変参考になりました。また、今後もキャリア関連のご相談などさせていただければと思います。
今後ともよろしくお願いします。

・マッチした例

★★さん、先日はありがとうございました。★★さんのキャリア観をお伺いして、一度ぜひ弊社の採用選考に進んでいただきたいと思いました。もし、弊社の業務にご興味をお持ちいただき、選考を受けていただけるようでしたら、ご連絡いただけるとうれしいです。
なお、私はぜひ一緒に働きたいと思いましたが、内定をだせるかどうかはお約束できません。あらかじめご了承ください。

転職意欲、意向度、カルチャーマッチの合う候補者を選考にお誘いします。採用の話につなげるときに重要なのは三つ。「ぜひ受けていただきたいという熱意でコミュニケーションをとる」「履歴書などの提出書類は最低限にする、または選考意志がとれたところで提出をお願いする」「採用確定ではないことを伝える」です。

こちらから声をかけたのに、居丈高に採用に進めと指示するのは間違いです。あなたが候補者を必要としていることが伝わるようにメッセージ書きましょう。また、履歴書などの提出物も最小限にすべきです。カジュアル面談を実施する時点である程度候補者の経歴などのリサーチはすんでいるはずなので、相手が途中でやる気を失う可能性のある書類作成などは最小限に留めるべきです。また、採用確定ではないことも伝えておきましょう。あなたがいいな、と思っても事業部門や経営側はまた別の視座で採用を考えていることもあります。

マッチしなかった場合も継続的に接触はしたい点を伝えておきましょう。候補者が転職を考えたとき、一番最初に想起される企業になれれば大きなアドバンテージです。カルチャーマッチしない候補者の取り扱いは難しいところです。基本的には積極的に接触する必要はありませんが、業界内の情報をお互いにやりとりするという意味である程度の定期的な接触は有効です。

どの例でも共通するのは「合否の話はしない」ということです。あくまで面談なのですから当たり前の話です。こうしたジャッジは。候補者としては「面接した気もないのに勝手に合否の話をされている」と怒りの種です。こういった企業は一部の職種、エンジニアやマーケター内では問題のある企業として共有されていることもあります。

カジュアル面談を取り入れるとわかるのは、人材の金脈がいかに眠っているのかということです。転職顕在層は全労働人口の一部にすぎず、また自社とマッチする人材は必ずしも多くありません。カジュアル面談で、転職を前提としない人々と話してみると、優秀で自社に入ってくれたら活躍しそうな人材がいかに多いかに驚くことになるはずです。求人票を出すだけではどれだけ工夫しても出会えない人材、カジュアル面談なら彼らと出会うことができます。

スキルマッチング

スキルマッチはどのように判断するのでしょうか？

カジュアル面談によって、カルチャーマッチを判断し自社の選考を受けてくれることを決めてもらった後にスキルのマッチングをしていきます。

おすすめするのはできるだけ実務に近い環境を作ってお互い判断すること。

ウォンテッドリーでは、学生の場合は主に長期休暇の時に2〜3週間の実務型のインターンを行っています。選考の意味でも実際の仕事の中でどのくらいできるかを判断できるし、候補者側も実際の業務や一緒に働く人がどのような人なのかわかる点でより良いマッチングができます。

中途採用でも一日社会人インターンとして職場体験をできるかぎりしてもらっています。

もしインターンができない場合でもエンジニアならコードテスト、UIデザイナーなら具体的なプロダクトを実装するときのディスカッションをすることで、その人が一緒に働いた時にどのようになるかわかりますし、会社の進め方もわかってもらえる利点があります。

面接だけで判断する場合は、構造化面接をできるようになるとよいでしょう。

構造化面接は心理学の分野においては歴史のある面接手法です。あらかじめ決まった質問項目、評価基準を用いて面談を行うものです。採用では、これを参考に評価手法として導入しています。面接をある程度、型にはめることで、評価のブレが少なくなるという利点があります。

ＳＴＡＲ面接の例を紹介しましょう。例えば、「あなたがこれまでに経験したことで最も困難だった仕事経験を教えてください」という質問をするとします。そのとき「当時の状況(Situation)」、「そこで抱えていた課題（Task)」、「自分が取った行動（Action)」、それによって「得られた成果（Result)」を順番に掘り下げながら確実に聞いていくのです。

どのような質問をすればどのような性質の答えが得られるかを文字通り構造化して持っておくことで、面接官が質問の意図を理解し、そこで返ってきた内容をどのように評価すべきかまでトレーニングできます。それによって面接や面談を受けながらも、候補者が「この企業はやはりこういうことを知りたいと考え評価してくれる」という印象も一貫させることができ、結果的に採用活動の向上にもつながっていきます。

自己ＰＲや候補者が話したいことは面接用に磨き込んでいることがあり、判断に必要な情報のうちポジティブな情報しか知る余地がないことが起こりがちです。

過去のエピソードから、その人がどのように問題に取り組み、解決していったかを聞くことによって、自社での再現性があるかわかるようになります。話を深掘りして聞いていく中で、具体性が欠けてぼんやりした表現になる場合があります。これは所属していたチームで達成したものの、その人が主体的に関わっていない場合によく発生します。本当に自分が課題に向き合って困難を乗り越えた場合は、具体的なストーリーが語れるのに対し、周辺で見聞きしただけの人はその状況については話せますが、AとBのトレードオフをどのように判断したのかなどの具体的な話はできません。

例えば経理担当者で、月次決算の早期化の経験があるという人と面談するケースで考えてみましょう。

・具体的なエピソードのない例

面接官：Aさんが決算の早期化を達成できたときのエピソードをお聞かせください。
Aさん：請求書が遅い会社の督促をして、2営業日、月次決算を早めました。
面接官：Aさんの会社の規模だと請求書って、Aさんの一存では動かせないですよね。どうやって進めたんですか?
Aさん：それは、えーと……。

・具体的なエピソードのある例

面接官：Bさんが決算の早期化を達成できたときのエピソードをお聞かせください。

Bさん：はい。まず課題から話します。仕入れをしている会社が500社あり、それぞれの会社に催促を何度も入れなくてはいけませんでした。毎月の請求書をもらってから対応するのだと7営業日に締めるのがやっとでした。そこで、自社システムから支払い確認を出して第一営業日に仕入元に送って確認してもらい、5営業日までに返信がなかったら金額を確定するルールにすることによって解決を進めました。

面接官：だいぶ大幅な刷新に思えますが、周囲の反応はどうでしたか？

Bさん：取引先にやり方を変えてもらうことを担当者が嫌がっていましたが、トップの力も借りて強烈にすすめることができました。結果として……。

構造化面接についてはGoogleも資料を公開しています。参考にしてください。†2

ストーリーを聞く中で、困難度の度合いによりその人の経験の深さがわかります。その際に個人で達成したこと（受験など）よりは、人と関わる仕事でのエピソードを聞いたほうが、実

†2 https://rework.withgoogle.com/jp/guides/hiring-use-structured-interviewing/steps/introduction/

際に仕事は個人でやることよりも人と関わりながらやることのほうが多いので参考になる情報を得やすいです。

CHAPTER-3
03

インターンでわかりあう

長期インターンで変化する新卒採用

就活生のイメージギャップをなくすには

ここまでは主に中途採用の場面に即してソフトセレクションの重要性を語ってきました。では、新卒採用の場合はどうでしょうか。これまでの新卒採用は、就活ルールの存在により、ある日を境に一斉に〝就活モード〟に突入する学生を相手に選考を行っていました。この、横並びからヨーイドンで一斉に開始される就活スタイルにより、就業経験に乏しい学生は右も左もわからない状態で仕事選びを余儀なくされているのです。

そうした学生を選考する企業は、就活生たちが多かれ少なかれ実体のない幻想を抱いて就職活動に臨んでいることを心に留めなくてはいけません。採用の目的は入社後にも同じ方向をみて一緒に働ける仲間を作ること。幻想と実態とのギャップを埋めておくのは必須です。

学生はイメージ先行で就職活動をしがちです。結果として、そこでミスマッチが生まれてすぐに辞めてしまう事態が起こります。早期退職は採用側にとっても大きな痛手ですが、学生にとっても履歴書にも傷がつく結果となるのです。

どうしても新卒採用では表面的にキラキラした候補者に映えるところを見せがちです。これはどの企業も「あるある」でしょう。みんなで楽しそうに仕事をして和気あいあいとしている印象を候補者に与えるほうがいいと思うのは当然です。一番楽しそうな場面を抜き出しているだけで、嘘というわけではないことがほとんどでしょう。

しかし、実際の仕事現場では泥臭い、地味な仕事も多いはずです。ここで、イメージと実際とのギャップが生じてしまいます。また、キラキラとした夢のような職場をただただ提示しても、紋切り型になってしまって、候補者獲得の観点から他社との差別化は難しいでしょう。

こうしたギャップをなるべくなくし、イメージと実態が正しくつながるようにすることで、入社後の早期退職を減らせます。そのためのベストな手段が「長期インターン」です。実際に社員と一緒に働く経験を通じて、自社の飾らないありのままの姿を見てもらえば、入社後にイ

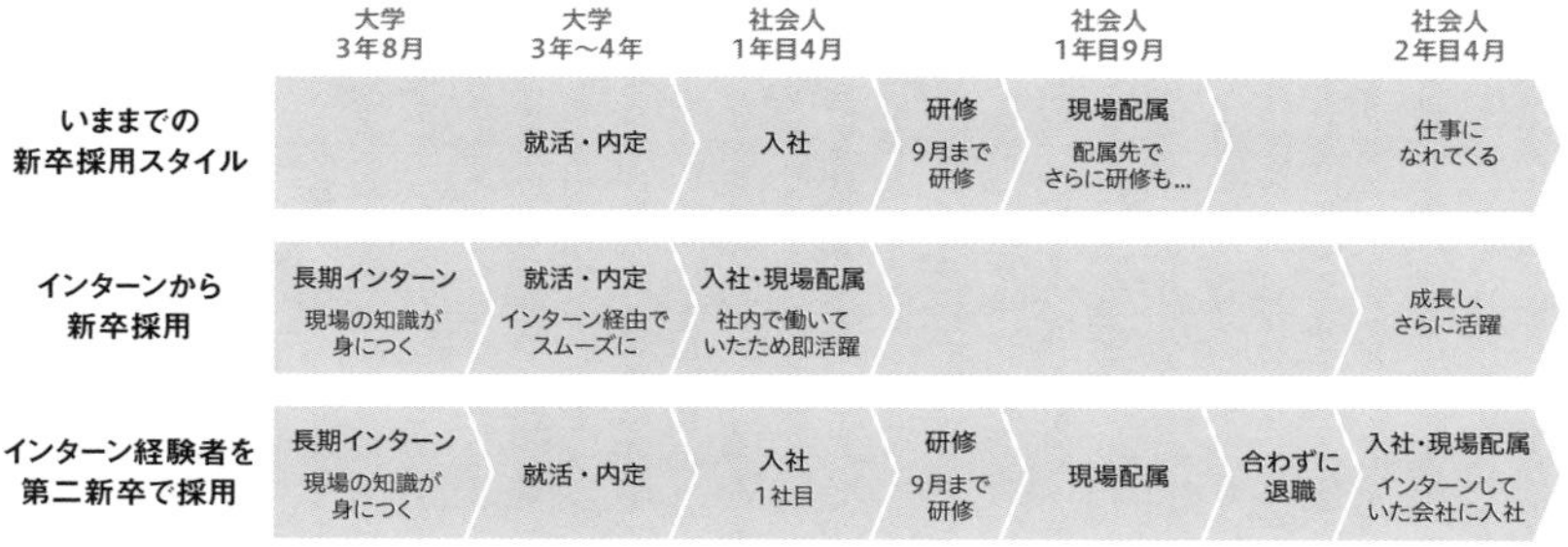

メージとのギャップに苦しむことはなくなるのです。

長期インターン実施の背景と留意点

経団連が就活ルールの廃止を打ち出したことで、長らく日本企業で続いてきた採用市場の「スケジュール慣習」が有名無実化しています。新卒採用はより一層早期化、あるいは通年化する流れになってきています。

そうした環境変化を受けて、これまでインターンシップによる優秀学生の囲い込みにおいて外資系企業やベンチャー企業に遅れを取っていた日系大企業も変わらざるをえません。今後、通年採用に向けた接点づくりに乗り出すことが予想されます。その接点として、実務経験を通して候補者に事業やカルチャーへの理解を深めてもらう長期インターンは今後より注目され有効活用されるでしょう。これまで早期接触の手段として実施されていた短期／1dayインターンが職場体験のような意味合いを持つのに対して、長期インターンではある程度長い期間（短くても数週間、理想的には3カ月以上など）実際の就業に近い形で入ってもらうことになります。

長期インターンを受け入れる上では、彼らをともに働く存在としてきちんと扱わなくてはいけません。たとえば、社員と同じ情報に接しつつ働いてもらうわけですから、新入社員同様にインターン開始前に秘密保持契約を結ぶことが必要になります。契約書に書いてもらうだけでは不十分。社会人経験のない学生が相手ですから、社外に公開していい情報と、公開してはいけない情報をきちんと教える必要があるでしょう。ただし、これは新卒の新入社員研修でも各社やっている話だと思うので、それに準じて行えばよいでしょう。

長期インターン生は、就業形態としては基本的にアルバイトと同じです。なので賃金を支払わない長期インターンはそもそも違法であることを理解してください。また、アルバイトとの違いとして覚えておいてほしいのが「単なる工数として扱うべきではない」こと。そうでなければ、就業体験を求める学生にとってのメリットがなくなってしまいます。

■ インターンでともに働くと見えてくる

リスクの少ないマッチング機会

長期インターンのメリットは大きく分けて二つあります。

●就活生に実態に即した就労イメージを持ってもらう→ミスマッチ削減
●企業が優秀な学生とのパイプを築く→中長期的なタレントプールの形成

一つは実際の職業体験を通して、想像ではなく実態に即した入社イメージを学生に持ってもらいやすくなること。働く経験によって、特定の会社との相性だけでなく業界の向き、不向きについても肌身を通じて理解できるようになるでしょうし、学生の意向によっては「自分は大学院で研究を続けたほうが幸せなのではないか」といった意思決定に対する生きた素材を得ることもできます。なんとなくのイメージで判断した結果、入社後にミスマッチが明らかになってしまうようでは、採用する側・される側双方にリスクが大きい。長期インターンは新卒採用において職場とのマッチング確度を高める有効な手段なのです。

長期インターンのもう一つのメリットは、企業が優秀な学生に出会うための有効な窓口になるということです。両親や友人などの反応を気にするあまり、学生が「業界や商品には興味があるけれども、新卒で入社するにはちょっとな……」と知名度の低い企業を就活の候補からはずしてしまうことは珍しくありません。そんな学生にとって長期インターンは企業のドアを叩く心理的ハードルを下げ、正社員として入社するより失敗のリスクも少ないために、純粋な好奇心で行動することを後押ししてくれます。そうやって学生が間口を広げられる分、企業にとってのチャンスも舞い込んでくるのです。

たとえ長期インターンから採用に直結しなくても、インターンを通じて良い体験を提供できていれば、その学生が新卒で入社した会社をミスマッチを理由に辞めたときなどに自社の存在を想起してもらいやすくなります。都合の良い話に聞こえるかもしれませんが、新卒で大企業に入社したインターン生が第二新卒として戻ってくるというのは、ＩＴ系ベンチャー企業ではよくあるエピソードなのです。こういった動きは、ベンチャー以外にも今後加速していくと予想しています。

長期インターンで何を見極めるか

仕事のスキルをはかるのに面接であれこれ聞き出したり、大学のＧＰＡを覗いたりするよりも確実な手段は「一緒に働いてしまうこと」です。

実際に仕事ができるか、あるいは自分たちの働き方や価値観とマッチするかというのは面接だけで見抜くのは非常に困難です。そこで、より確実な見極めの方法として実際に一緒に働く長期インターンは有効です。インターン生も会社のあり方を見て志望度を高めたり、あるいはズレを認識したりできるため相思相愛の関係になれる可能性が高まります。

ウォンテッドリーは創業以来、長期インターンを非常に重要視してきました。新卒採用においては、長期インターンが唯一の採用窓口です。例えば、エンジニア採用の場合は最低でも２～３週間、ビジネス領域の採用の場合は数か月はインターンとしてともに働いてもらいます。

この差は、職種による特性の違いから生まれています。エンジニアの場合は、極端に言えば学生でも社会人でもやること（手を動かすこと）に大きな差があるわけではない。要件定義されていれば数週間で何かの結果を出せるかどうかという点で同じ次元で考えることができます。

違うのは学業のかたわら個人でやるか、組織の中で比較的大人数でプロジェクトを進めてチームで結果を出すのかという点。私たちの組織、チームに入ったときの「やり方」を覚えてもらって、その肌感を得てもらうことにエンジニアの長期インターンの意義があるわけです。長期インターン生が入社してくれれば、新入社員研修を前倒しでやったのと同等のことになると言ってもいいでしょう。

営業職に代表されるビジネス領域のインターンシップであれば、実際に顧客と接点を持ったり売上目標を課されたりといった実業務に近いところでの就業体験はなかなか積みにくいもの。イメージが付きづらいからこそ、ミスマッチが起きやすくなります。そのために比較的長い期間を設定しているのです。

長期インターンによって、実際の業務やその根底にあるビジョンを体験してもらうことが、マッチングを高めるために重要だと考えています。

泥臭さに嫌気が差して、入社してからのモチベーションが下がるケースは実際少なくありません。ただ、長期インターンを経由して、その泥臭さの裏にある哲学（ビジョン）や顧客の成功を見届ける経験があると、そのズレは大部分なくせます。また、ズレが消えないようなら、合わなかったということで採用を見送ればお互いに損はしません。入ってもらったときにお互いが気持ちよく働くためにも、長期インターンで目線合わせをしておくことは重要です。

どれだけ仕事ができるか、チームにマッチするかを面接だけで判断するのは危険です。提示される情報がすべて正しいかもわからないですし、（彼らの経験を軽視するわけではないですが）、学生時代の成功体験というのはビジネスに必ずしも直結しません。いくら学生時代にアルバイトやサークルで何かをつくってきた経験があるといっても、社会人としてビジネスで行うものとはやはりスケールの面でも利害関係者の多さ、複雑さといった面でも隔たりは大きい。彼らの可能性や実力というものをそこで足切りしてしまうよりは、どういう姿勢で仕事に臨むのか、一緒に働いたとき周囲にどういう影響を与えるのかということのほうが見るべき項目ではないでしょうか？

そもそも技術・クリエイター職などの少数の職種をのぞき、多くの職種においては未経験の学生の職業スキルを判断するのは困難です。企業の文化も実務も体験してもらう中で、その時点で「できること」を判断材料にするよりも、できなかったことをできるようになる成長の早さを見ると、実際に今後どんな能力を開花させるか予想しやすくなります。

企業は、将来の可能性も含め一緒に働いたインターン生のことを深く知る。そしてインターン生の側にも「自分はこの環境に社会人として挑戦したいことがあるか、ないか」をじっくりと考えてもらう。この双方向性こそ、長期インターンシップに求められる基本姿勢です。

社会人経験があれば、業務の中身について「自分たちはこんなやり方をしています」という情報を説明すれば、ある程度、それまでの経験と照らし合わせて違いをイメージすることもできますが新卒の場合には特にそれが難しくなります。そこで長期インターンを経験してここで働くことを実感してもらうことで、入社してからのギャップを防ぐわけです。

もちろんインターンに入るまでのプロセスでは「仕事の魅力」で候補者の心を動かし、自分たちはこんな考え方、価値基準で動いていますというものを伝えていきます。そのうえでインターンに応募してもらうというのは必要です。ただし、伝えただけでは本当の理解にはなかなか至らない。腹落ちという言葉を使ったりしますが、ストンと納得できる経験にはなりません。そこを正しく理解してもらうための長期インターン設計をすることが重要になってきます。

長期インターンを行うときに大事なこと

長期インターンは、実務を通じて相互理解を深めます。これがマッチング精度の向上を支えます。

学生と企業の双方に「良い結果」をつくり出すことを念頭に置いて長期インターンを設計しなければなりません。実務でのマッチングという点では、スキルフィットの見極め（専門性の

アルバイト	働いた時間に対して報酬を支払う。成長に投資することは必ずしも必要ない。在籍期間で投資はプラスになるように設計する
インターン	≒新卒　働いた時間に対しての報酬も払うが、成長に投資することでさらに再投資できるので教育に投資する。２～３ヶ月のインターンでは投資からのリターンはマイナスになるはず 新卒入社を見据えた長期インターンのほうが回収期間が長い分、長期的にはプラスが大きくなる。ここの投資効率を極端に高めようとすると「やりがい搾取」に陥ってしまいがち

高いエンジニア職や研究職）、さらに候補者視点からのカルチャーフィットも重要です。

長期インターンのいいところは、「企業の実態を候補者に見てもらえる」ことです。企業はこんなふうに言っているけれど、実際、中で働いている人はどうなのかをきちんと見てもらう。何時まで働いているかというリアルな点もそうです。

私たちが自社に限らず長期インターンを利用する人にいつも言っているのは、いい意味での「キャリアのつまみ食い」をしてみましょうの一言です。長期インターンは自分の選択肢を増やす意味でも非常にいい機会です。転職が一般化してきたといっても、いろいろな職場を中に入って体験するのは難しいですから、そこで積んだキャリア観は社会人になってからも役立ちます。

企業や業態によっては長期インターンやアルバイト経験の中で、自然にその企業のカルチャーに触れて共感性が高まり、入社したいという行動につながることも珍しくありません。

長期インターンにもいい採用に結びつくものと結びつかないもの

があります。これは長期インターンを単なる「工数」「頭数」として扱うかによると考えています。アルバイトは働いた時間に対して報酬を支払うことがすべて。学生個人の成長に企業として投資することは必ずしも必要でないため、受け入れ企業はアルバイトの在籍期間で自分たちの得るリターンがプラスになるように設計します。対するインターンへのスタンスは、新卒一年目と同じように考えたほうがいいでしょう。つまり、働いた時間に対して報酬を支払うことに加え、成長に投資することで長期的なリターンを得るという考え方です。

もっとも直接的な長期インターンへの投資リターンは「採用」です。2〜3カ月のインターンでは投資に対するリターンはマイナスになるはず。さらに新卒入社を見据えた長期インターンであれば、投資に対する回収期間はより長くなります。しかし、そこで投資効率を極端に高めようとしてはいけません。例えばインターン生に内定をちらつかせてアルバイト同様の低賃金労働をさせてしまっては、世間で「やりがい搾取」と呼ばれる構図に陥ります。ネガティブな情報は学生の間でいともたやすく共有されるので長期的なブランド低下につながってしまうもの。逆に、インターン生にいい体験を提供できればその評判は次なる優秀学生に対する呼び水にもなるのです。そのためにもきちんと報酬を設計し、働きすぎ防止などの対策をとったうえでどのように業務に携わってもらうかを考えることが重要です。

具体的には、学生の意向を尊重したうえで可能な限り創造的な業務や重要な業務に携わってもらう、あるいは自社のもつノウハウを惜しみなく伝えて仲間として働いてもらうというのをおすすめしています。ただ、だからといってあまりキラキラした仕事ばかり割り振っても、それはそれで偽りの働き方を押し付けているようなもの。大事なのは学生の希望に寄せすぎるのでも、企業側の都合だけで便利な存在として扱うのでもなく、お互いに「いい関係」をつくれるようにする時間をつくることではないでしょうか。

研修型と就業型インターンの違い

長期インターンを設計する上では、自分たちがやろうとしているのは「研修型（短期）」なのか「就業型（長期）」なのかを明確にすることも重要になってきます。

セミナー形式などを主体にした研修型、研修メインでの1日職場体験などでは交通費の補助などで賃金の支払いが発生しないケースが多いのですが、長期インターンの場合は「労働」に当たるため、当然、最低賃金以上の賃金の支払いが必要になります。さらに、きちんとした時間管理や労働安全衛生面などの管理も行うため、意外にハードルが高くコストもかかります。

だからこそ、きちんと選考につながるような設計が必須です。

採用市場全体の流れでは、こうしたインターンも「短期」と「長期」に二極化しています。専門性の高いエンジニアや投資銀行業務などに携わる人材に対しては、インターンを行わないと接触機会を得にくいため企業側の取り合いとなって高額報酬での長期インターンもよく見られるようになりました。

長期インターンの実施例

長期インターンの実施例について解説します。私たちは「新人研修＋α」を意識してインターンのプログラムを組んでいます。

1. 長期インターンの選考

長期インターンの選考は、自社Ｗｅｂサイトや長期インターン向けメディアなどに求人を掲載するところから始めます。授業時間の自由がきく学部3年生以上を主な対象に募集しています。長期インターンを長年にわたって行っているので、インターン経験者からの推薦（大学研究室の後輩やアルバイト先の友人など）をもらうこともあります。

本人のスキルや、自社への理解度などを参考に選考します。このあたりの基準については、部門の責任者が中心になって組み立てることが多いです。

筆者としては可能性を感じたすべての学生と働きたくなる気持ちもあるのですが、現場の受入人数にも限界があるので、やや厳し目に選考をしています。いろいろな意見があると思いますが、現場の受け入れ体制に応じて採用人数を考えるべきでしょう。

2. 研修&入社オリエンテーション

インターンの選考が済んだら、これから一緒に、ある程度の期間働いてもらうということで顧客契約とNDAを結び、「新卒研修と同等の内容」で研修をします。社内の規則や行動規範、社内セキュリティ、会社概要や業務内容を解説します。

その後はPCのセットアップなどの作業をして、入社オリエンテーションを行います。簡単なゲームや食事会などで、チームの輪に入ってもらうことを目指します。カルチャーマッチを見極めるにはできるだけ早い段階でなじんでもらうことが重要です。†3

3. 実務の進め方

基本的な準備が終わったら、さっそく実務に入ってもらいます。私たちは「新卒のOJT」を意識して、基本的なことを教えつつ、かんたんな業務から徐々にステップアップしてもらう方式を用いています。大事なのは、彼らを「単純労働力」として扱わないことです。面倒な作

†3 ウォンテッドリーの場合はいわゆる新卒採用は行っていないので、流用したものではなく長期インターンの研修を作り込んでいます。

業を押し付けるのではなく、実際に新入社員として働くなら与えたい仕事を行ってもらいます。

エンジニアなら難易度がそこまで高くないが時間がなくて取り組めなかった課題にアサインし、その課題を解決してもらいます。その過程で社内システムについて詳しくなったり、他の関連する課題解決に興味を持ってもらったりという効果が表れはじめます。最終的には、ビジネスサイドと交渉しながら新機能を提案する業務なども行ってもらいます。

ビジネス職では営業同行を中心に現場を一緒に見てもらうことから始めます。営業資料のチェックをお願いするなど、最初は補助的な役割で入ってもらうことが多いです。また、顧客管理システムや売上なども見せて、営業の課題について意見をプレゼンしてもらう機会も設けています。ビジネス職では泥臭い業務がどうしても多くなるので、学生が主体的に取り組みたくなる課題にアサインすることも必要です。

長期インターンはこちらからの見極めの場であると同時に、学生からの見極めの場でもあるのです。成長できない職場だと思われてしまえば、せっかく縁のできた貴重な学生の入社機会が失われます。業務内容もただ簡単なものを投げるだけではなく、自分たちと一緒に働く人に成長してもらうという意識が必要です。

4. 長期インターンから採用へ

長期インターンの終了前、本人たちが就職活動を意識し始めたタイミングで、採用に移ります。私たちは、一緒に働きたいと思う学生に自社の入社の意向を確認し、その意思があれば代表と面接して選考しています。

長期インターンでスキルレベルやカルチャーのマッチングができているので、選考の面接もごくかんたんなもので済むことがほとんどです。

長期インターンが学業に悪影響なのではという懸念がささやかれますが、私たちの長期インターンは就活の負担が減らせるため、むしろ学業に集中してもらえる環境を用意できています。

コラム

ターゲットに応じてインターンを考える

各社が採用にインターンを活用し始めており、漫然とインターンを実施するだけでは、効果が乏しいことが予想されます。ターゲットや市場に応じて、適切な内容に調整すべきです。

インターン事例は学生へのアピールも兼ねて公開されていることが多いので、インターン先として人気のある競合他社の実施内容を研究するのは有効でしょう。

また、「マイナビ大学生インターンシップ前の意識調査」などの調査を利用して、学生の好みを把握してそこに対応するのも有効かもしれません。学生がインターンに何を期待しているのかの一端が見えます。

CHAPTER-3
04

意向度を高めるための継続接触

タレントプールという考え方

候補者との「長い縁」を手繰り寄せる

長期インターンについて、「他の会社に行くかもしれない人にここまで手間をかける必要があるのか？」と思う方もいることでしょう。しかしこれは、採用ブランドの確立できていない企業が採用市場で生き残る上で重要な戦略なのです。たとえ入社に至らなくても、潜在的な見込み入社数を増やすことがカジュアル面談と長期インターンの強さなのです。

長期的な視点に立って、一緒に働きたい人との縁をとにかく大切にすること。当たり前のことのように聞こえるかもしれませんが、その当たり前にこだわらないと勝てないのが現在の採用を取り巻く環境です。この戦略は「ストック採用」と呼ぶことができるでしょう。

焼き畑式採用スタイルの限界

これまでの採用手法は「期間限定・一発勝負」を主なスタンスとしていました。必要なタイミング、採用しやすいタイミングで必要なだけ採るというスタイルです。

事業のアクセルを踏みたいタイミングであったり、欠員の補充であったりといった事情からの人員不足を原因とした採用活動は多くの場合難航します。なぜなら、こちらがほしいタイミングで、こちらがほしい人材が転職市場に出ていることは稀だからです。

採用しやすいタイミング、つまり新卒一括採用や転職期（半期末の3月、9月）にリソースを集中させた採用活動は効率的に見えますが、実際のところはそうでもありません。他社の採用も同じ時期に活発になるため、厳しい競争にさらされることとなります。

その結果、求人広告や転職サイトなどの登録人材から必死に集めた応募を、どうにかこうにか刈り取っていくことが採用の基本ルーティンになりました。当然ながら、この方式だと出費は少なくないですし、マッチング精度も高くはありません。

こういった「焼き畑農業的な採用スタイル」が長年定着してきたわけですが、現在のような採用難時代においてこうした手法は持続可能とは言えません。採用市場で「人」がどんどん減っていく中、フロー（流れ）で人を採るのは限界があります。ただただフロー採用を続けても、本当に必要な人材は来てくれません。いたずらに採用コストが増え続けるだけです。

こうしたフロー採用の難点に対する打開策になりうるのが、ストック採用です。ストック採用は、継続に重きを置いた採用手法です。タイミングを絞らず、自社にマッチする候補者と継続的な接触をはかり、「優れた人材を狙い撃ち」します。採用選考一発で考えず、より長期的な視野で採用に臨みます。

例えば、ソフトセレクション中の候補者が、その時点では「まだ就職／転職意欲は高くない」「転職意欲はあるが、今の仕事やプロジェクトを急に抜けられない」といった状況にあるとします。ストック採用の考え方では、そこで終わりにせず、「どこかでタイミングが合えば一緒に働ける可能性がある」と捉えるわけです。実際問題としてカジュアル面談で接点をもった候補者からはキャリアの志向性などの重要情報を聞き出せているわけですから、次は自社がそれを提供できるタイミングで再アプローチをかける手段を考えれば良いのです。採用選考の中でタイミングの合わなかった有望な候補者を再アプローチ用のリストにまとめたり、自社イベントへの来場者などから優秀な候補者にはアプローチをかけたりといった施策はわかりやすいストック採用の例でしょう。

フロー採用はとにかく一発勝負の採用手法です。求人広告などで人を集め、集まった中から人材を選ぶ、選出以後の採用はまっさらな状態でまた人を集めるところから……というような「数撃ちゃ当たる」のスタイルです。

毎回、人が必要になったときに広告を出して母集団を集め、そこから書類選考、人事面接、役員面談などを経て内定・入社になるのがフロー採用です。フロー採用の獲得割合は、企業規模にもよりますが、おおよそ100人～200人に1人といったところでしょう。そして採用が終われば、そのフローで使ったデータベースは毎回捨ててしまっていました。また半年後に新たな人が必要となっても、前回のデータが残っていないため、また新たに採用広告を扱う企業や採用エージェントに連絡を取って、今回はこんな求人広告を出すというところから始めることになります。

人がたくさんいる環境なら、それでもよかったのかもしれません。フロー採用は何月何日までに何人配属しろ……といった要件なら、おそらく最適な採用手法でしょう。現在の環境では母集団形成だけで費用は少なくないですし、母集団形成に尽力すればするほど、その後の選考の負荷は増します。企業が必要とするのは数合わせではなく、活躍してくれる人材のはずです。だからこそ、ストック採用です。

ストック採用を実現するタレントプールの可能性

歯止めのきかない労働人口減少、新卒一括採用の廃止などの環境変化に追われて、日本では短期決戦のフロー採用から長期型のストック採用へ採用市場が根本から移り変わろうとしています。

しかし、どうすればストック採用を実現できるのでしょう？　フロー採用なら今までの経験でできます。極論を言えば、採用情報サイトに情報を載せて、あとは例年通りに進めればそれで終わりです。そこからどう転換できるのか。見当がつかない人も多いでしょう。

現実的には移行期を設けて徐々にストック採用を進めていくことになります。そこで大事になるのが、採用に先行するタレントプール形成です。

ストック採用の導入で注目されているのが「タレントプール」という考え方です。過去に自社となんらかの接点を持った好ましい人材（タレント）をプールし、そこから採用につなげるという考え方です。自社にとって好ましい人材を収集し続けリスト化し、彼らに働きかけて自社に入ってもらう。うまく運用できれば、タレントプールが自社だけの人材データベースとして機能します。

新卒中途を問わず、「一緒に働きたい」と思える人と出会える機会は多くありません。

しかし同時に、人事担当者なら誰しも、一緒に働きたいと思った候補者を採用できなかったことがあるはずです。事業のフェーズとマッチしない、人柄は非常に好ましいがスキルセットが足りない、あるいは候補者の自社への志望度が低かったことによる内定辞退……。こういった、惜しい人材もフロー採用では顧みられることはありません。そのときの「ご縁」で選考し、魅力的な人材をそのまま放っておくのが従来のフロー採用です。タレントプールを活用したストック採用ではここを見逃しません。「いい」と思った人と働ける機会を常に留保しておくのです。

候補者が自社の仕事や環境に強く興味を持っている、今後事業が成長したとき活かせるスキルセットを備えている、カルチャーフィットしている、こういったお互いに望ましい特徴があれば、タレントプールに追加します。タレントプール内の候補者とは継続的に接触し、相手の現在の興味関心や転職意向の変化をアップデートしつつ、自社の現在の業務内容や成長、課題などを伝えて、情報交換します。

例えば、カルチャーフィットもスキルセットもマッチしているが、転職志向が薄く、初回のアプローチでは選考へ進んでもらえなかった候補者がいたとします。この候補者をタレントプールに追加して継続的な接触を図っていれば、相手の転職意欲が高まったり、転職に対しての障害がなくなったりしたときに、うまくマッチングできる可能性がぐんと高まります。

継続的な接触としてはFacebookやTwitterなどＳＮＳ上でのやりとりや、（ＳＮＳを活用した）ブログ記事やプレスリリースの共有は有効です。「〇〇さん、以前△△の領域に興味あるとおっしゃってましたよね。うちで最近△△をやっているんですけど、よかったら勉強会に参加しませんか？」とＳＮＳでラフに語りかけたり、業界の勉強会、交流会は有効に機能しえます。

既存の採用が求人ページ一本だったところを、もっと積極的に、打席を増やして相手を口説き落とすと考えてください。有望人材に会食で接触するというのは古くからある手法ですが、それをよりラフに進めていくようなものだと考えてください。

タレントプールについて紹介すると、呼び方のキャッチーさや筆者の所属の関係から、そうしたツールがあると誤解されることがあります。自動的に候補者をリストアップして、適切なタイミングでつながって選考に進んでもらえる魔法のツールがあるといった勘違いですね。

タレントプールはあくまで考え方です。

ただ候補者をリスト化して保管しようというだけの一方的な手段だと勘違いしてほしくはありません。タレントプールは、「人材」という有限の資源を中心に、人と人のつながりの中で運用していくものです。候補者への敬意を持ち、一人ひとりの候補者と真摯に向き合うための採用の考え方です。

タレントプールの特徴

タレントプールとは、接触のあった候補者をリスト化し、カルチャーフィット（自社文化とのマッチ、ビジョン共感）、スキルセット、転職意向度などの情報を管理、この中から自社にマッチする人材にアプローチするという手法です。ストック採用の要になります。

メリットは、「カルチャーフィット」「スキルセット」など自社にとって望ましい特徴を持った、自社にとって必要な人材にすぐにアクセスできることです。

運用については、スプレッドシートなどで候補者ごとに「カルチャーフィット」「スキルセット」「転職意向度」「最初の接触（説明会・イベント・採用面接）」「最終連絡日」「最終確認日」などをまとめています。

なお、これらの情報については個人情報に該当するものが含まれています。そのため、勝手な収集はせず、採用目的で利用する旨を伝えて同意がとれたうえで管理すべきです。また、情報に触れられるのも採用に関連する社員のみにするなど、注意が必要です。

リストを参照しながら、今の事業のフェーズにマッチした人材はいないか、最近連絡できていない候補者がいないかチェックして人事担当者から連絡を入れていきます。自社の最近注力している分野の記事をシェアしてみたり、ランチを一緒に食べたり……。ゆるいつながりを維持するのが目的です。

また、タレントプールと合わせて採用管理システム（ＡＴＳ）というサービスを併用するケースもあります。ウォンテッドリーではＡＴＳを導入して、短期の採用ポジションに対する進捗（目標人数・選考の進み具合など）を管理しています。

ウォンテッドリーではGreenhouseという海外のＡＴＳを使ってます。日本の製品ではHERP HireやHRMOS採用管理などがスタートアップの会社に多く導入されたり、新卒採用中心の会社向けのＡＴＳもあります。

タレントプールについて、役員やマネージャー候補といった特に重要なポジションについては、「半年に一回連絡を取る」リストを作成し、そこでも管理しています。

タレントプールはどのように設計するのか

多くの企業は未来のビジネス環境の変化を見通せません。例えば、２０２０年の新型コロナウィルス流行のような劇的な変動を予期できた人はほとんどいないでしょう。それ以外にも、法規制の変更、強力なプレイヤーの出現など多くの不確実性がビジネスには常につきまといます。一年前と一年後でまったく同じ事業環境、同じ組織、同じビジネスのやり方をしている企業はないと考えたほうがいいでしょう。

そうなると、長期的な視点では大きなズレはないとしても、短期的／中期的には「どのような人材を採用すればいいか」はかなり変動しそうです。

その中でどのようにタレントプールを設計していけばいいのでしょう？

仮にあるスキルセットを持ったAさんという人を採用したい場合、中途採用を行うのであれば新規に母集団を形成してから入社までに最短でも3～4ヶ月は必要です。ところが、実際に3～4ヶ月経ったときには、状況や戦略が変わっていて、そこではAさんではなく違う要件を満たすBさんを採用したいということも起こりうるわけです。

そもそもAさんに任せたいと考えていた仕事自体がもうなくなっているかもしれません。そうなると、「必要とする人」が明らかになった時点で、タイムリーに採用できる状態をつくっておく必要が出てきます。

転職意欲があり、ハードスキル、ソフトスキル（コミュニケーション能力やリーダーシップなど）共に一定以上の人を常にタレントプールでストックできていれば、すぐにコンタクトができて機会損失も減らせますし、そのほうが事業がスケールしやすくなります。

タレントプールでは自社に対しての理解度や共感度合い、職種問わず持っていてほしいスキル、資質のようなものもそれぞれの候補者で評価しておき、評価の高い人から連絡できるようにできればベスト。この辺りは「人とのつながりを大切にする」という当たり前の心構えをベースに、それぞれの企業に合ったやり方で工夫の余地があると思われます。

事業変化の激しい業界、企業であればなおさらタレントプールの重要性がおわかりいただけるのではないでしょうか。

アプローチタイミングの最適化

人は人を正しく見極められるか

ソフトセレクションを取り入れ、カジュアル面談を行い、タレントプールを構築していったとしても、急激に採用がうまくいくわけではありません。候補者の入社意向度は「いきなり上がらない」ことを前提に考えて、タレントプールが機能するよう尽力します。そこではターゲットの意向度を高めるための働きかけ（ナーチャリング）が必要となってきます。

どのようにして継続して関係性を持つのか、どんなタイミングでどのようにアプローチするのが適切なのか。最終的な採用の成功にはどう行動を最適化していけばいいのか。

面接もそうですが**「人は人を正しく見極められない」**のが大原則としてあります。どんなに優れた人でも、他者を100%正しく見極めることは難しい。タレントプールにおいても誰がアプローチしても、人によって評価がバラつきすぎないように評価の仕組みをつくって、その仕組みに沿って各候補者がマッチすると思った理由を記録して採用チーム内でスプレッドシートなどで共有しておくとよいでしょう。そうすれば、過去のある時点においてタイミングや条件が合わなかった候補者に再アプローチする際の判断がとりやすくなります。

タレントプールの候補者を分類し、捉える

見込みのある候補者をタレントプールで見極めていくには、スキルや経験のマッチ度合いなどを示す「共通ジャッジ項目」と、互いのビジョンのマッチ度合いを示す「会社への共感度」の二軸によって4象限に分類し、それぞれに該当する候補者を「両思い」「高嶺の花」「ファン」「ミスマッチ」として定めます。

「両思い」候補者は、転職希望タイミングさえ合えばすぐ採用に進められます。

タレントプールを活用して「育む」対象としてもっとも重要なのが、共通ジャッジ項目をク

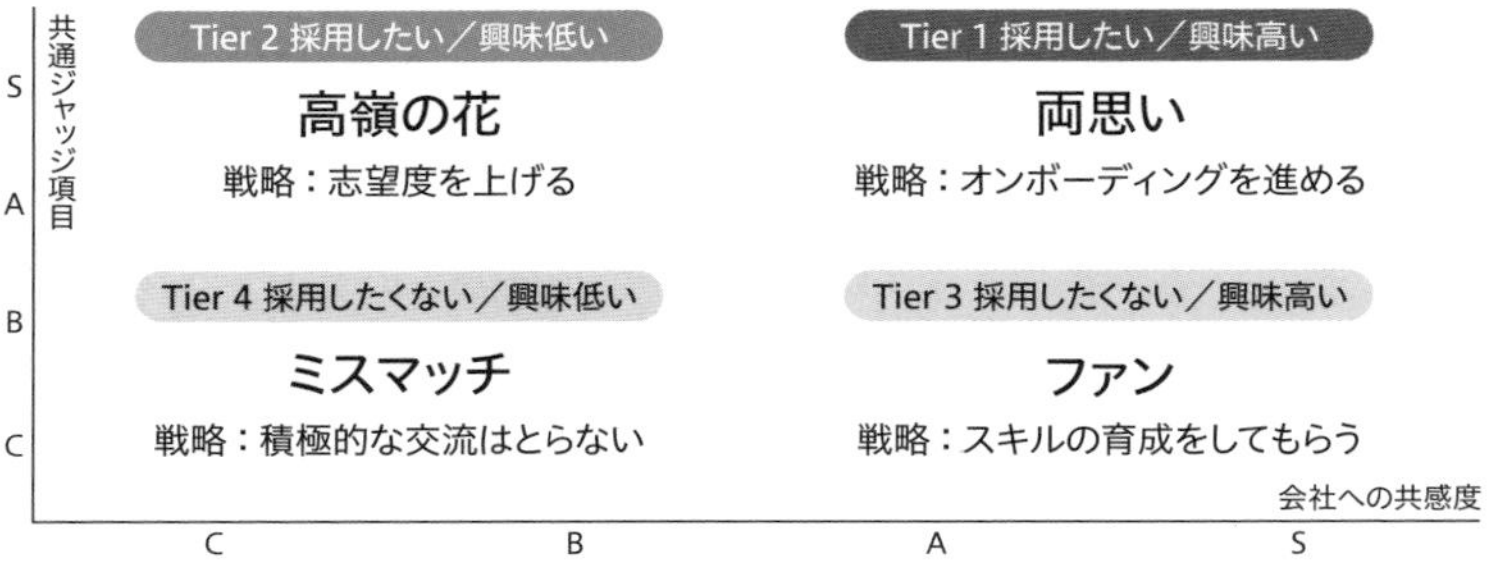

リアしつつも自社への共感度がまだ低い「高嶺の花」の候補者です。この層へのアプローチとしては、自社のカルチャーやビジョンへの興味喚起を行って志望度を高めることが鉄則です。しかし、性急なアプローチは禁物。自社イベントへの招待や役員メンバーとの会食などで、自社の魅力が一つでも多く伝わるようじっくりと働きかけていきましょう。

また、共感度が高い一方でスキル等のマッチ率が低い「ファン」も、タレントプールによって「育む」対象となります。その期間は数年にわたることも視野に入れ、スキルアップを促すアプローチが必要になります。単に自社の社員との交流だけでなく、エンジニアによる勉強会や長期インターンのようなスキル育成につながるアプローチが効果的です。採用が充足していて、そのポジションで人をこれ以上は増やせないというときは採用を見送っても、新規に採用が必要というときに一番に声をかけたいポジションの人たちだと考えてください。カルチャーマッチしている人材は、入社後の成長スピードに期待できます。

いずれにしても「アプローチタイミングの最適化」が欠かせない要素になります。タレントプールの候補者とのつながりを維持していく中で、共感度を上げることや、転職意欲の変化を把握することができるでしょう。職探しに向けて動き出したタイミングを見計らってカスタマイズされたメッセージを発信しましょう。

なお、これらの手法では、個人情報の管理には気をつけましょう。事前に採用目的に利用する旨を伝え同意をとり、個人情報に該当するような情報は注意をして扱いコンタクトが取れる状態を保っておくというのが解決策の一つです。

これまで企業と候補者が「点と点」でタイミングを合わせなくてはいけなかった接触機会（フロー採用）が、継続的な交流を通じた「線」での接触や、多彩な接点を通じた「面」での接触となり、より最適化された状態で採用につなげていけます。

また、たとえ最初のタイミングを逸したとしても、一度良好な関係性を構築した候補者は自社の共感者であり続けてくれやすいため、次のアプローチにつながりやすいのもよいところです。基本は「人と人のコミュニケーション」であることは大前提です。候補者から見たときに「この企業は本当に自分のことをきちんと見てアプローチしてきている」と思ってもらえるかどうかという点がもっとも重要です。

ストック採用を取り入れられるのか
―あなたの会社に「取り入れないという選択肢」があるのか

フロー採用からストック採用への移行、タレントプールの話をすると、多くの人事担当者が「そうは言っても、今までの採用からそんなに大きく変えられない」と難色を示します。確かに、採用フローの見直し、刷新は一朝一夕にできるものではありません。

しかし、労働人口の減少により優秀な人材の奪い合いが激化する中、数少ない出会いを大切にしないと採用の難易度は上がる一方です。門戸を開けておけば人が来る時代は終わり、誰もが欲しがるような人材ほど求人媒体に登録することなくスカウトされていたり人づてに転職を決めていたりと市場に出てこないとするケースが増えています。特にＩＴ化によって需要の増したエンジニアやデザイナーなどの職種においてこの傾向は顕著です。

そんなとき、ソフトセレクションでカジュアルに接点を持った候補者との関係性をしっかり維持できていれば、欲しい人材に「会える」確度はぐんと高まるのです。あとは転職意欲が顕在化したタイミングを逃さずにアプローチをかければいい。

ストック採用を取り入れることは、採用で大きな強さを手に入れることです。

フロー採用だけでもろもろの要因から良い採用ができないというのは、ここまでも繰り返し

■ ストック採用とフロー採用の違い

フロー採用	就職・転職で出会った候補者との縁は一回きり。他社に決まったら追いかけない。新卒は新卒、中途は中途で、同じ人材採用のはずが工程が完全に分かれてしまっている。
ストック採用	その人との長い関係の中で直近では別の会社に行ってしまったとしても、関係を維持して将来的に一緒に働くことを考える。新卒採用は中途採用のためのリードとして考え地平は続いている。

述べてきました。大量の求職者がいるから成り立つモデルです。漫然とフロー採用を続けることは、費用対効果の悪い（下手をすればマイナスの！）施策をただ続けることでしかありません。

フロー採用を今すぐ完全に捨てろと言いたいわけではありません。フロー採用は、大量の採用や配属期限がある採用などではストック採用に勝る点もあります。採用計画があってフロー採用がなければまわらないというケースもあるでしょう。

大事なのは「ストック採用」の考え方を少しずつでも取り入れていくことです。すでにフロー採用にジリ貧を感じている人事担当者は少なくないはずです。手遅れになる前に、徐々にでもストック採用の考え方を取り入れるのは妥当な対策です。

ITの発展に伴い、1対1でのやりとりは簡単になってきています。ストック採用をするには、候補者に人事担当者がつき継続的にやりとりをする必要があるのでコストゼロとは行きませんが、マッチする可能性の低い大量の応募を処理する必要があるフロー採用よりは安くつくケースが多いでしょう。

潜在的な候補者に継続的にアプローチを続けたり、前回は選考でスキルマッチしなかった／タイミングの合わなかった人材をフォローしたりする施策はあまり行われてきませんでした。他社に先んじてストック採用を取り入れれば、必ず成果がついてくるはずです。

例えば新卒一括採用はそのままに中途採用に際して徐々に浸透させたり、長期インターン採用枠を設けたりといったところから始めてもいいのです。フロー採用を中心に据えつつ、マネージャー（部長）クラスの優秀層にはストック採用的のアプローチをとるというのは現実的な解決策の一つでしょう。フロー採用からストック採用には徐々に移行できるものですから。

コラム

インターンの情報を発信してもらう

インターンの感想は学生たちに積極的に発信してもらいましょう。当事者としての情報発信をしてもらうことで、次の世代の学生が興味を持ってくれます。ウォンテッドリーではインターンに来てくれた学生が、それぞれ個人のブログやSNSで感想をまとめてくれているケースが多いです。

CHAPTER 4

どう選考すれば、いい人がわかるのか

新しい選考のプロセスを知る

CHAPTER-4
01 候補者の視点に立った選考フロー

候補者体験を良くするために

面接で「見てもらう」

面接は「一方的な」「選考」の場ではありません。私たちは選考しつつ、相手にも選考されているという視点が必要です。採用広報（CHAPTER 2）から、募集記事（CHAPTER 3）、カジュアル面談や選考面接で会う社員の話すことをはじめすべての体験が見られています。

体験をよくするためにはどうすればいいのでしょう？　美辞麗句を並べるだけでは候補者に

は響きません。

大事な軸は二つ。**事実に即した内容にすること、企業側で一貫性を持つこと**です。

事実に即した内容にするのはここまでも繰り返し強調してきたことです。実態の伴わない話をしても人が定着しません。それでは、一貫性とはどういうものでしょう？

採用は、リクルートメント・マーケティングを採用すれば特にそうですが、長いスパンでの付き合いです。候補者の得る情報に一貫性がなければ疑念や混乱を招いてしまいます。

例えばSDGsを重要視しているという採用広報を行っている会社があったとして、面接の時に面接官ごとに紙に印刷された履歴書、職務経歴書を何枚も見ながら面接をしていると、環境を本当に大事にしているのかと懐疑的になります。

ウォンテッドリーでは〝シゴトでココロオドルひとをふやす〟というミッションを軸に、選考だけではなく、プロダクトも組織もそれに合った状態になっているかを考え、採用のメッセージや制作物、面談の仕方なども考えています。

選考のフローの中で候補者が企業の出す情報や社員との接触から何を感じるか。この一連の体験は「候補者体験（Candidate Experience/CX）」とも呼ばれるものでリクルートメント・

マーケティングにおいては企業の採用コンセプトと密接に関係してきます。

ここで大切なのは、個別の「点」で候補者の印象をよくするだけでなく、情報接触から初回のカジュアル面談、そしてその後の採用コミュニケーションに至るまで、「候補者がそれぞれのタッチポイントで何を体験するか」を全体の流れとして設計することです。Ｗｅｂサイトにしても、ＳＮＳにしても、あるいは面接担当につく現場のメンバーが話す内容にしても、一貫したメッセージがないとズレ＝不信感を与えてしまいます。

入社後のビックリをなくす

ソフトセレクションから本選考までの流れでもう一つ大切なのが、候補者の期待値をきちんと入社後の実情に合わせることです。

企業のリソースは有限です。喉から手が出そうなぐらいほしい候補者だったとしても、彼ら彼女らの望む給与でオファーが出せるとは限りません。

そして、給与などの諸条件を誠実に説明することは企業としての義務です。カジュアル面談時点でも、可能なら見込みの年収などの待遇は伝えておくべきです。本選考に入る前のコミュニケーションから「現状の条件は必ずしも優れているわけではないが、給与テーブルなどはこのような考え方を持っている」「給与は前職より上がらないが事業的な面白さや裁量では魅力がある」というように、自分たちの出せる待遇を真摯に説明し、入社後の不安や不透明さを排除します。いわゆる期待値のすり合わせです。

給与条件が合わなかったとしても、どういうことができるのか、どういう魅力があるのか、どこまで社内調整できるのかは事前に社内で決めておくべきです。その場で曖昧な、担当者の個人的な意見を言ってしまうようなことは避けなければいけません。この職種でこのポジションなら給与レンジはどこまでと決めておくことでお互いに無駄に労力を使わなくても済みます。

ここで、不誠実なやりとりをしても、長期的に共に働く前提では意味がありません。

ミスマッチをなくすのにブランドイメージ設計を行うことは採用上の大きな強みになります。入る前から、そして入社してからも、そうしたブランドイメージに合った組織や制度ができていて、一本の道としてつながっている。全体として違和感のない状態がつくられていると就業時の体験もやはり良くなります。

これがもしも、誇大広告であればうまくいきません。なんとなく企業のイメージはつくられているものの、実際には組織や制度がうまくできておらず、オペレーションも回っていないと、採用活動で候補者と接したときにもどこかに自信の無さが表れてしまいます。

どこか自信を感じられない面接官や採用担当者に出会った候補者が、その企業に入りたいという意欲が高まるでしょうか？　それまでに蓄積されたイメージが良いものであるほど、面接であったギャップで選考フローに入る前よりも企業イメージも候補者体験も悪化してしまうことは想像に難くないでしょう。

イメージの形成、採用でのやりとり、実際に現場でどう働いているか、これらはすべて地続きであるべきです。これらのギャップが大きければ大きいほど、採用にネガティブに働きます。実情に沿った自社のあり方を正しく伝え、そこに一貫性をもたせる。それが人と人との付き合いの要素が強い面接では特に重要です。

コラム

面接の当たり前のレベルを上げておく

イメージ構築以前に、いわゆるNG質問を面接で行っていないかという確認も必要でしょう。当たり前のことですが、出産後も働き続けたいかなど厚生労働省の「公平な採用選考」に反する質問はダメです。個別の候補者体験がマイナスになっているケースでは、そうしたことが行われていないかにも気を配るべきです。

イメージ戦略を考える

本選考で正しくイメージを伝えるには、それ以前にイメージを固めておくことが不可欠です。選考に入る前、理想を言えば常に、自社がどういうイメージで候補者と向き合うべきかを形にしておくべきでしょう。

形にする、すなわち自社のイメージを言語化し共有できる、そのための導線や見せ方などの情報設計をできていることは採用において有利に働きます。選択肢の一つとしての会社ではなく、「ただ一つの会社」として印象づけるためにはここは欠かせません。自社の特徴から、自社イメージの形成を進めていきます。

イメージ戦略は、どういうイメージを形成したいか、面接官に浸透させるだけではいけません。イベントへの出展や会社紹介、広告にいたるまで、情報設計に基づいていなければいけません。

イメージ形成というと、テレビCMなどマス広告がまず思いつきます。しかし、現実的には多くの企業はそこまで広く世の中に自社イメージを浸透させる必要はないはずです。毎年、一人や二人採用ができれば十分という企業も少なくないからです。

つまりイメージ形成にあたっては、自社の採用のニーズやコンセプトから逆算して手段を選ぶ必要があります。

例えば、地域密着型の企業が、地元に住んでいる、基礎的なビジネスマナーが身についた学生を採りたいとします。この場合は自社の特徴と、地元の学生が採りたいというところをかけ合わせて採用戦略を作っていきます。

自社の特徴、地元では長く続いている企業であるとか、激務ではなく土日出勤はないとか、そういったところから「長年の実績があり、地域に貢献している、ゆったり働ける会社」というイメージを軸に置きます。これをコンセプトと呼びます。このコンセプトをもとに、自社の情報の見せ方を整理します。会社の強みや今後の課題、入ってもらう新卒にはどういう働きを期待するか、普段の会社の雰囲気……。これらの情報を見せるにも、コンセプトがあるとないとでは一貫性に大きく差が出ます。

そのイメージを軸に置きつつ、候補者に最適なイメージ形成の手段を探していきます。

今回のケースなら、地域の学校側とコネクションを作り、説明会などに積極的に出展し、近隣の大学や専門学校で好意的な認知が得られればいいのです。あの企業は地元でも優秀な学生が行きたがっているという認識を持ってもらえれば、大きな成果です。

本当に入ってほしい人にリソースを集中し、彼らにより具体的な就労のイメージを持ってもらうために動くのが正しいあり方です。地元の人に来てほしいのに就職情報サイトの地元以外の掲載順位を気にしたり、採用実績がないのに全国で採用中と言ったりしても何も始まりません。

企業イメージはもっと即物的でも構いません。実際に即したところに落とし込むべきです。地元志向で転勤が少なく和気あいあいとした職場というところを推してもいいですし、あの会社に入れば20代でも高級車に乗ることができるなんて話でもいい。残業は多いがその分きっちり稼げる、残業がなくて自分の時間が持てる、ノウハウが身につけば独立できるといったセールスポイントでもいい。もちろん、自社のサービスがどう社会を変えていくかというビジョンに基づくところでも良いのです。

自社の要はどこか、自社のコンセプトに合った人材に刺さる事実は何かをきちんと持っておくことです。事実に基づきそこを強調し、自社に浸透させていく、それに魅力を見出した候補者が応募するという流れをつくっていきます。

マーケティングの意味合いからは、すべての人、すべての候補者によいイメージを持ってもらう必要もありません。誰にどんなイメージを持ってもらえるようにするかを決めるのがマーケティング。さらに言えば企業ブランドは「つくる」ものではなく、対象の人たちの中で「形成されていく」ものという認識も必要になってきます。

ターゲットとなる候補者の人たちに、自社との接点を通してどのようなイメージを持ってもらえるといいのか。実際にどのようにイメージを形成してもらうか。

掲載媒体のような手段について正しい知識を持つことはもちろん大切です。しかし、実際に行動に移すときは手段からではなく、まずはイメージ戦略を固め、そこから逆算していくことが大事です。

一貫性を持たせるための面接官トレーニング

ここまで、具体的な面接の話はほとんどしてきませんでした。面接の仕方をきちんと社内で訓練していくのも、イメージの一貫性を持たせる上では必要なことです。選考は企業と候補者のお互いにとって見極めの場となるべき。第一にその心構えを共有することが面接をドライブさせるスタートラインです。

候補者と直接接する面接官、採用担当者のコミュニケーションは候補者体験に大きく影響します。しかし、面接官に対して、良い候補者体験につながる接し方、コミュニケーションの構造や技術をきちんとトレーニングできている企業はまだまだ少数でしょう。

ウォンテッドリーの場合は、カジュアル面談に参加する社員にはトレーニングを行っています。面談の場では最終的に企業としてどのような印象を持ってもらいたいか、そのために何を伝えないとならないかといった部分でどうしても個人差が出やすいからです。

カジュアル面談も、あるいはその前段階のイベントや、自社のSNSやメディアでの接点も候補者とのコミュニケーションです。そこに一貫性がなければ、候補者に自社を知ってもらうというそもそもの目的が破綻します。

候補者が面談から感じ取ることが面談者によってバラバラになると、結局、本選考に移ったときにお互いに「思っていたものと違う」という状況が起こってしまいます。だからこそ、できるだけ同じ印象を持ってもらえるようにするため面談参加者のトレーニングを行うわけです。

カジュアル面談と地続きで、一貫した考え方で選考するためのトレーニングを解説します。

「会社のいいところ」はメンバー一人ひとりによって違うこともあります。しかし、「どこが刺さるか」はある程度の傾向があります。先進的な部分であったり、企業が創出する価値や、働き方といった部分です。まずはこれを見つけておきます（P.70参照）。

これをもとに、面接担当者全員に、企業が押し出すべき魅力を言語化し共有するのです。魅力を全社共通で定義すること、それをきちんと面接中に持ち出すことがトレーニングの第一歩です。

それを限られた面談時間の中で伝えきるために、「すべらない話」として食いつきのいいトーク内容を共有することもあります。しかし候補者ウケをよくするために盛りすぎたり、ないものをあるように話したりするのはＮＧです。

もう一つ大切なのは自分たちにとって普段意識しないくらい当たり前なことが、実は候補者から見るとすごく輝いているというのを見落とさないことです。例えば、「残業が月に４日しかない」というのが社員からすれば当然だったとしても、その業界内では特殊でありそれが知れ渡ると人気になるというようなことも起こりえます。

埋もれた競合優位性（外から見た価値）を誰もが言語化できるようになりましょう。私たちは転職で入った人とのキャッチアップ面談時などに（本人の了解を得た上で）この会社に入って良かったことを教えてもらっています。すると、自社では当たり前だった学習手当がすごく好評など、思わぬところで褒めてもらえます。こういった「中から見たら当たり前だけど、外から見るとすごくいいこと」は定期的にまとめていくといいでしょう。

また、実態に即して魅力を伝えることは重要ですが、面談や面接でどこまで公開してよいのかを整理する必要はあります。売上見込みであったり、主要顧客であったり、次期商品の開発進捗だったりというのは必ずしも表に出していい情報とは限りません。どこまで話していいのかをまとめるのは、現場の社員が自信を持って候補者とコミュニケーションをとるためには必要なことです。

採用フローの中で、人と人とが1対1で向き合う機会はそう多くはありません。そのためカジュアル面談や面接は、力を入れるべきポイントです。現場で働く個人と向き合ってもらう機会を作りつつ、個人によるズレのないイメージを伝えること、組織としてのスタンスをきちんと築くことが、いい面談や面接を生み出します。

一貫した評価基準を作る

トレーニングを行うことは、正しくメッセージを伝えるということに加えて、無駄な取りこぼしをなくすという目的もあります。

カジュアル面談や本選考に面接官に誰が座っていたか、「Aさんが担当した場合」「Bさんが担当した場合」で合否が異なるようになると、選考の通過率が人によって大きく変わってしまうことになります。これでは、自社にマッチした人材ではなく、面接担当者が良いと思う人材が入ることになります。

主観的な評価ばかりで判断がばらけると優秀な人材を取りこぼしたり、反対に本来は採用すべきではない人材を採用して後々問題が生じたりすることもあります。そうならないためにトレーニングによって、「伝え方の基準」に加えて、「評価の基準」をきちんとつくって持ってもらいます。

ウォンテッドリーでどのように評価基準を作ってきたかを参考に書き出します。

STEP 1

最初に、評価の判断に使うべき項目を以下の事項から挙げていきました。

・ミッション・ビジョン・バリューから必要な項目
・ジョブディスクリプションから、その職種で必要な要件
・経営者や現場の人たちが、過去の面接で、採用・不採用の判断に使っている言葉のうち頻出する表現（例：勉強熱心、素直、自分の意見に固執しないなど）

STEP 2

Step1で洗い出した基準となりそうな言葉を元に項目を作り、実際の面談で評価できるのかを見ていきました。

STEP 3

評価できると判断した項目を整理し、評価項目を明文化して運用しました。

この時点ではチェックすべき事項は多めでした。

STEP 4

評価項目が多すぎると1回の面談では確認が終わらず、逆に同じ項目を複数の面談で聞くと候補者の体験が悪くなります。

事例がたまってきたところで、プロジェクトを立ち上げ選考フロー・評価基準を作り上げました。

最終的に評価基準を以下のように定義しました。

漏れがない

選考フローの中でチェックできないと、内定を出すことが難しくなる。追加で面接を行うことになると候補者体験を損なうし、不確実なまま採用すると採用後のミスマッチが発生する可能性が高い。

重複がない

同じ人に何回も同じことを聞くと、時間の無駄になるし、候補者体験も損なう。

再現性がある

属人的でなく、誰が面接をしても近い結果になるのが理想。ただ候補者体験を考えて、適切な人をアサインする必要がある。

上記のような要件を満たせる選考フローと評価基準を設計し、各面接官や担当者がそれを把握した上で実施し、やってみる中でメンバーからのフィードバックも受けながら改定していっています。

スタートアップなどで初期からいるメンバーだけで面談・面接をしていると、会社を作っていく中で共有できていることが多いので、明文化していなくても進められることがあります。

しかし、社員数が多くなると入社から間もなくても採用に参加する人も出てくるため、選考フローと評価基準をはっきりさせることは大事です。

ウォンテッドリーの採用の中身

私たちウォンテッドリーが採用をどう進めているか、エンジニア採用で実際に使っている資

†1　実際に使っている資料のうちいくつかは公開できないので掲載していません。

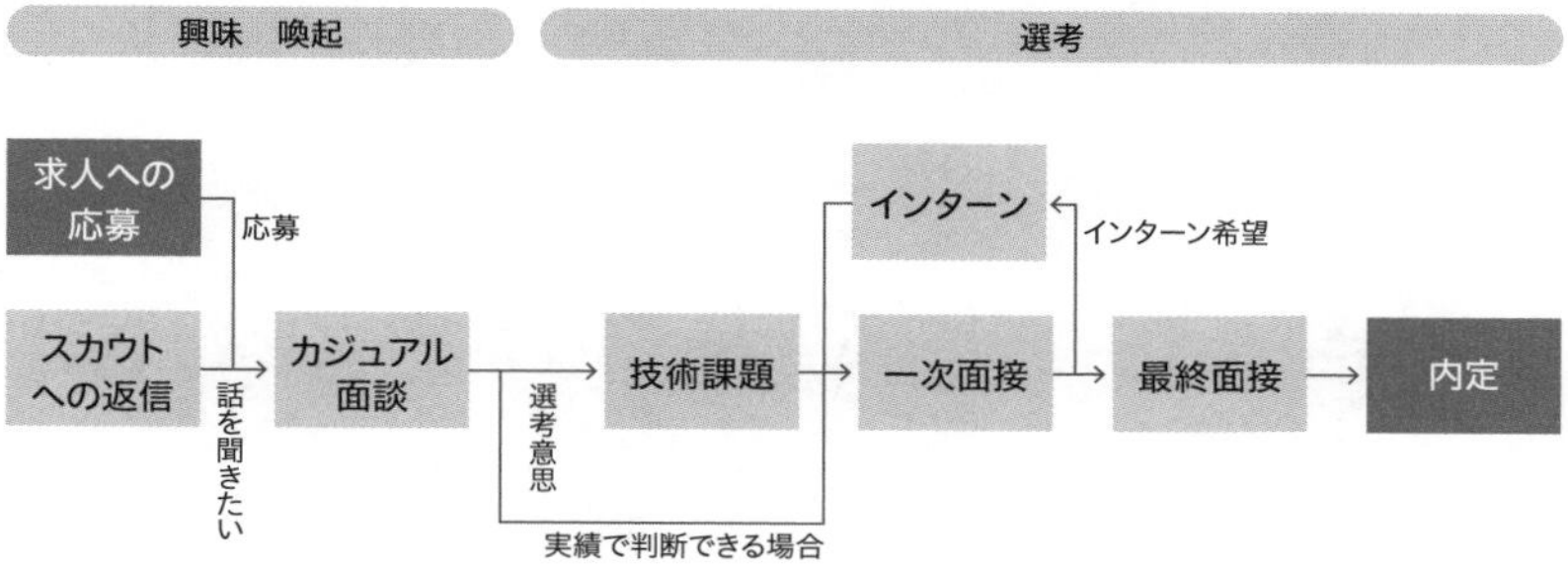

料なども交えながらフローを紹介します。†1　エンジニア採用では、エンジニアと人事が一つのチームとして採用を行っており、エンジニア自身が一緒に働きたい人を探していくという方針をとっています。

エンジニアのメンバーは採用に関わる経験が少ないことも多いので、カジュアル面談や面接の目的や、話すと興味を持ってもらいやすい話題などを人事からも共有してより良い面談ができるようにしています。

カジュアル面談では、メンバー向けに以下のようなマニュアルを共有しています。

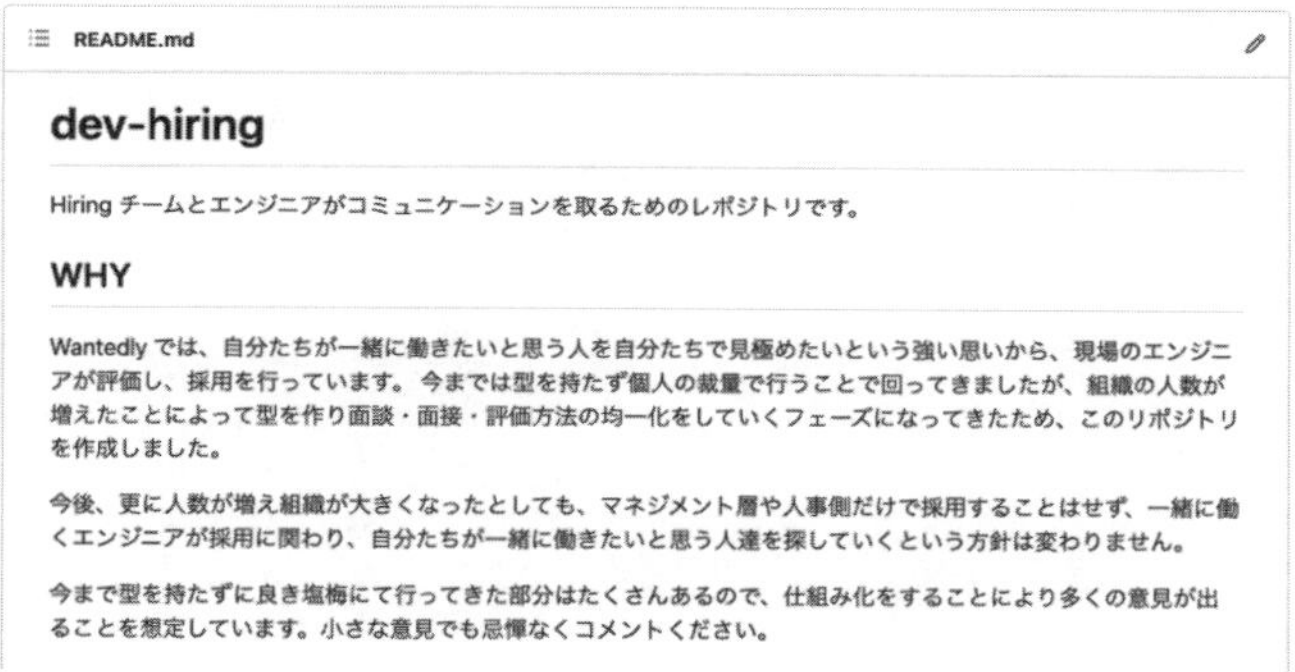
README.md

dev-hiring

Hiring チームとエンジニアがコミュニケーションを取るためのレポジトリです。

WHY

Wantedly では、自分たちが一緒に働きたいと思う人を自分たちで見極めたいという強い思いから、現場のエンジニアが評価し、採用を行っています。 今までは型を持たず個人の裁量で行うことで回ってきましたが、組織の人数が増えたことによって型を作り面談・面接・評価方法の均一化をしていくフェーズになってきたため、このリポジトリを作成しました。

今後、更に人数が増え組織が大きくなったとしても、マネジメント層や人事側だけで採用することはせず、一緒に働くエンジニアが採用に関わり、自分たちが一緒に働きたいと思う人達を探していくという方針は変わりません。

今まで型を持たずに良き塩梅にて行ってきた部分はたくさんあるので、仕組み化をすることにより多くの意見が出ることを想定しています。小さな意見でも忌憚なくコメントください。

カジュアル面談マニュアル

WHY

選考に乗ってもらうためのアトラクトの時間でもあるが、本質はファン作りです。その人や、その人の周りにも「ウォンテッドリーは面白い取り組みをしているいい会社だな」と思ってもらうことが最大の目的であり、次のステップとして選考に乗りたいとおもってもらうことだと考えています。

なので、まずは私たちの取り組みを知ってもらい、興味をもってもらうような内容をお話したいです。

事前準備

- 相手のプロフィールを確認する（採用管理システムのGreenhouseに格納されています）†2
- 候補者のプロフィールをみて、聞きたいことがあればGoogle Docsにメモする
- 採用担当者と面談のゴールのすり合わせ

†2 ウォンテッドリーで採用している採用管理サービス。<https://www.greenhouse.io/>

・すでに転職活動している方であれば、選考にのってもらうがゴール
・純粋にカジュアル面談にきてくれた方は、また接点を取れるように終話すること
・次回会わせたい人を決めて終話

PC準備

下記3つが画面上ですべて見られるようにしておくと便利

・参加者全員が閲覧できるチャットサービス
・候補者に聞きたいこと
・記録用シート†3
・オンライン会議の画面

候補者へ事前にお渡ししている資料

・会社説明　https://speakerdeck.com/wantedly/for-engineers
・エンジニア組織説明　https://docs.wantedly.dev/

†3 テンプレートや実際の資料は書籍には掲載しません。
テンプレートを元に各候補者向けの面接用ドキュメントを作成します。

当日候補者へお渡しする資料

・面談参加者たちのVisit ProfileのＵＲＬ†4

面談のゴール

・転職意欲がある方は、選考に乗ってもらうこと
・転職意欲がない方は、また次回接点とれるようにアトラクトする
・終話時に、次回の接点の時期を決める

カジュアル面談でマッチしないと判断した方にも、応募意思をいただいた方へは全員選考を案内しています。

（カジュアル面談後にお断りすることはありません）

カジュアル面談当日の流れ

必ず聞いてほしいこと

・ウォンテッドリーのイメージをヒアリングしたい
・どういう技術を使っているイメージがあるか？というオープンクエスチョンをア

†4 Wantedly サービス内でのプロフィールだと考えてください

イスブレイクの時に必ず聞く。（RubyやGoなどのワードを出さない）
・技術的にどのようなイメージがあるか（とくにないです、も正解のひとつ）
・面談終了5分前に、話をきいてイメージが覆った内容があれば教えてもらう
・いままでは○○だと思ってたけど、実際は■■だったんだなと思ったなど

話す内容

○自己紹介
・自分から自己紹介
・自分のProfileのＵＲＬをチャットに貼る
・名前、過去やってきたこと、今やっていること（若手であれば学生時代の研究など）
・相手の自己紹介を聞く
・気になるポイントや、共通の経歴あれば積極的に質問する
・転職意欲の確認（人事同席の場合は人事から聞いてます）
・転職意欲への温度感の確認を最初にすり合わせてから話し始める

・今日聞きたいことなにかありますか?と確認する
(どのようなところに興味をもっている人なのか?を知るため)

◯いつも話している会社概要

・Speakerdeckを画面共有しながら、ミッション・プロダクト・開発組織の3点のみ最初に話している(5~10分)†5

・シゴトでココロオドルの定義
(楽しいなどの感情論ではなく、没頭して成果を出し、成果を出すことによって成長実感するサイクルを回すこと)

・1つのWantedlyというプラットフォームにそれぞれのプロダクトが入ってるというイメージで開発しているため、プロダクトごとのチームではなくOKR(Objectives and Key Results)ごとのチーム(Squad)にわけて開発している

・平均年齢全体で28歳。エンジニアも同じくらい

・全体の人数 110名程度

†5 スライド共有サービス、ウォンテッドリーの開発チームをよく知ってもらうための2W1H / for engineers <https://speakerdeck.com/wantedly/for-engineers> というスライドを見せます。

○開発組織について

・Spotify Modelの組織体制をカスタマイズしている

・SquadとOKRのブログ（https://www.wantedly.com/companies/wantedly/post_articles/134301）

・開発規模50名程度（40名強がエンジニア）

・組織図を画面共有

・サービスごとではなく、目的ごとに分かれているSquad

・より組織力を高めプロダクトの成長を加速させていくために、専任のＰｄＭ、ＰｊＭの役割を明確にした（２０２１年10月頃から）

・基盤Squadにリソースをかけている。40名強のエンジニアのうち、３割くらいが基盤チームのメンバー

○開発手法について（実際のIssueやHandbookを見せながら話すとスムーズ）

・ＷＨＹを大切にする文化

・GitHubの非同期コミュニケーションを推奨し全社員で使っている

・Squadの開発内容と、Chapterの開発内容それぞれ話す
・とくにChapterでの新しい技術選定の取り組みなどは刺さることが多い
・エンジニアとデザイナーのやり取りの方法
・プロダクト開発手法（エンジニアがグロース施策などを考えていく）

○質疑応答
・ウォンテッドリーの感想もあわせて聞く
・次回の接点の時期を決める
・もし選考に進みたいという希望をもらった場合、人事からまた連絡しますと伝える
・まだ転職意欲がない場合、次回いつ頃に話しかけると負担がないかをヒアリングする→そのときにまたカジュアルに話しましょうとつたえる

カジュアル面談の終わり方
・終了10分前となったらそこで話を切り上げる

・基本は時間内に終わらせるようにする。もっと話したい場合は別途時間をもらって次回はこういう話もしましょうと伝えてもいいかも（次回の接点になるので）
・質疑応答を5分くらい実施
・ネクストアクションを決める
・開発チームのSNSをフォローしてもらう https://twitter.com/wantedly_dev
・物理本郵送フォームを共有する
・今日はありがとうございますといって終話

このように、カジュアル面談に慣れていないメンバーでも、手順やどのようなことを聞けばよいのか、次回の接点のつくり方などを共有することでエンジニアが面談をすることを快くやってもらいやすいようにすることと、忙しい中話を聞きに来てくれた候補者に良い体験をしてもらうための改善を続けています。

カジュアル面談では以下のポイントを気をつけています。

- アトラクト（魅力づけ）を気にしすぎて良いことだけ見せない
- 実際に使っているシステムで見せられるものはカジュアル面談時に見せる
- 実際に入社してから研修で使う資料（https://docs.wantedly.dev/）を公開して、どのような技術を使っているか、どれくらい入社後のサポートがあるかをわかるようにしている
- 志向性、カルチャーフィット、面談で分かる範囲のスキルなどを元に「一緒に働きたい人」かという観点でみる
- 採用管理システム（ATS）を使って、何を話したか、どのような志向性を持っているか、懸念事項は何かなどを次に話をする人向けに共有する。面談で確かめきれなかったことで確認したいことも書いて申し送りする

コラム

自社にあった採用に変えていく

CHAPTER 3とCHAPTER 4の双方でカジュアル面談について解説しました。CHAPTER 3では抽象度の高い一般的な話を、CHAPTER 4では現場の資料も公開して具体的にウォンテッドリーのカジュアル面談を紹介しています。ここで示したウォンテッドリーのカジュアル面談が絶対的に正しいというわけではありません。自社の文化、組織・採用の規模や、ターゲットによって適切なアプローチは変わってくるでしょう。

私たちはエンジニアが対象で、かつ技術ブログや技術同人誌での発信も続けてきたため、比較的候補者に認知されているなど固有の事情があります。

ここで示した具体例をたたき台にしつつ、どういったカジュアル面談にするか、どうやって情報発信やエンプロイーサクセス実現につなげていくか自社にあった方法を探してください。

CHAPTER-4

02

内定辞退を回避するために

目の前の内定承諾率にとらわれない

辞退させない「追い込み」は無意味

選考の目的が「一方的な選考」ではなく、私たち自身も候補者に選んでもらう「双方向的な選考」だとここまで強調してきました。つまり、多くの企業は結びつけていませんが、内定辞退率や早期退職率は「選考」と結びつけて考えるべき数値なのです。

企業によっては、内定承諾率の高さを採用戦略上の売りにしているケースも見られます。一見、非常にいい企業に見えますし、採用戦略がうまく機能しているようにも見える。ですが、実態を見てみるとそんなに甘くない話かもしれません。

こうした企業の中には「確実に承諾することを条件に内定を出す」「他社との面接を中止する」など種々の圧力をかけているところもあります。内定辞退率は「数字を作れる」のです。内定辞退率が低い企業だからといって採用がうまくいっているとも言えず、あまり意味がありません。

本来はきちんとした相互理解の積み上げがあって、その上での内定であるべきでしょう。このような追い込みはなんとしても採用人数を確保したい企業と、内定がほしい候補者のパワーバランスの非対称性を利用した横暴な手段です。私たちはこういった採用は不幸なことだと考えています。

そもそも「内定辞退」は本当に悪なのでしょうか。本書でもお話しているように、今後、フロー型からストック型の採用に移行していく中では、ある時点で内定を辞退したからといってそれで今後の関係もなくなってしまうわけではありません。

企業側は選考を通じて一緒に働きたい人かどうかを判断した上で内定を出しているわけですから、また別のタイミングで再度スカウトすることも十分考えられます。また、内定辞退の理由を聞かせてもらえれば、今後の改善にも活かせます。

スタートアップなど成長著しい企業は事業のフェーズがどんどん変化し、企業の規模が拡大していくのが当たり前。以前は魅力に乏しかった年収面なども上げることができ、仕事内容もその候補者にとって面白いと感じられるフェーズになっているかもしれません。

候補者本人も変化があれば、企業側も変化がある。そうした前提に立つと、そのときだけの内定辞退率ばかりを追う必要性は実は低いことに気づきます。もちろん、就職情報サイトへの出稿でだいぶお金を使った、毎年内定人数の目標値が提示されているなど事情はあるでしょう。しかし、これから一緒に働く人に最大限活躍してもらうという採用の大前提を考えれば、無理な追い込みよりよほどいいはずです。

特に新卒学生の場合は、どうしても知名度のある企業に行きたいという志向性があります。それをすべて中堅企業であったり新興企業であったりのほうに向かせるというのは現実的には難しい。しかし、その候補者をフローで処理せず、有為な人材としてストックしておけば、一度は他の企業に行ったとしても一緒に働ける可能性を維持できるのです。入った企業が「合わなかった」とき、声を掛けることができる、向こうが一番最初に思い浮かぶ企業になっていればいいのです。

コミュニケーションの穴を塞ぐ

コミュニケーションギャップにどう対応するか

内定辞退の一つの要因として、候補者に正しく自社を理解してもらえていない、魅力づけにつながる部分が伝わっていないといったコミュニケーションギャップの問題があります。

自社の情報を断片的にしか伝えられず、企業の全体的な像やそこで働く姿が想像できないという問題が、候補者とのコミュニケーションにおいて解決できていないという状態です。

内定承諾前のクロージング過程において、そのギャップを埋められなければ候補者に入社を納得してもらうことは難しいです。

他にも給与条件等でズレがある/ズレを恐れられている場合も内定辞退になりえます。現実問題として、転職によって前職時代の給与や福利厚生、労働時間の変化などが起こるときにそれを候補者がどれだけ許容できるか、採用する側は常に意識しなければいけません。

想定される候補者の懸念を払拭できるように、候補者の情報を把握したうえでクロージングにまおいてどのようなカウンタートーク、つまり対抗できる話を事前に用意できるかといった設計も必要になってきます。

例えばフルリモートで働きたい候補者と、オフィスに集まって話すことを重要視している会社方針の食い違いがあるとします。そのときは、候補者、優秀なタレントが欲しているもの（家族との時間なのか？くつろげるワークスペースなのか？）に向き合って環境／制度を改善していく努力が会社には必要です。

他方で、自社のオフィス内コミュニケーション文化にアピールポイントがあるならそれもしっかり伝えていきます。

他社比較も念頭におくべきです。リク

■ 内定辞退を気にしすぎるのは考えものだ

ルートメント・マーケティングやタレントプールの考え方に従えば、採用ターゲットからオンリーワンの企業として選んでもらえるはずですが、実際にはなかなかそうはいきません。新卒採用であろうと、中途採用であろうと、他社との比較から逃れるのは難しいでしょう。

大手企業の新卒採用では想定される採用上の競合他社に対してのクロージングトークを設計していることもあるほどです。†6 ここまでのことはしなくても、条件面や市場競争での有利性など、なぜ自社を選ぶべきかの情報を比較材料として持っておくと競争になっても負けることは少なくなります。

いろいろと対策を述べてきましたが、現実的に内定辞退をゼロにすることは困難です。内定辞退ゼロにこだわりすぎる採用担当者がたまにいます。もちろん、優秀な人材をつなぎ留められないことは改善すべき点です。しかし、多くの会社も苦しんでいる問題で、簡単には解決しません。内定辞退を織り込んで、より良い形を模索し続けるしかないのです。

内定辞退ゼロを目指すこと、すなわち自社に入るモチベーションが高い人にだけ内定を出すことが一概に悪いわけではありません。例えば、事業戦略がシンプルで契約件数などを重視する、成功報酬に近い給与体系の企業では、とにかく条件を提示して「やりたいです」と言ってくれる候補者に絞って内定を出すほうがシンプルです。こうすれば内定辞退は限りなくゼロに

†6 競合の○○社は配属の自由度が低く思ったような仕事ができないかも……など弱点をリサーチして内定者に伝えるといったケース。

近づけられます。コミュニケーションギャップがない状態にできるからです。

しかし、100%来てくれるかわからない人にも内定を出したいことは採用ではよくあります。競合他社のほうが魅力的に映っている可能性、環境は面白くなるが給与は下がる、こういった内定辞退のリスクを抱えた状態でもともに働きたい人はいます。リスクは常に存在します。チャレンジをする限りは失敗もあるということも織り込んで進んでいくべきでしょう。

リクルートメント・マーケティングがうまくいって内定辞退を阻止できた他社の事例を紹介します。ある教育系のスタートアップで、学生のプログラミング教育に興味があるエンジニアAさんを採用したいと思っていました。ただ、Aさんは優秀で、知名度のある会社、大企業も採用を狙っています。Aさん自身もどこに就職すべきか迷っていました。そこでこのスタートアップはカジュアル面談からしっかり自社を魅力づけしました。各プロセスで、会社のビジョンや事業のコンセプトや教育内容（事業内容）について説明し、Aさんが具体的に貢献できることをしっかり話したのです。これで内定後に自社を選んでもらうことができました。

他にも、リクルートメント・マーケティングを取り入れる前はなかなか入社まで持ち込めなかった職種を、導入後に採用できたという事例はよく聞きます。

条件のミスマッチを回避する

一番の候補になる

中途採用の採用失敗は内部要因、すなわち企業側からの候補者へのアピール不足に起因するものがまずあります。同時に、条件面などの競合比較で他社との競争に負けてしまう外部要因による採用失敗も少なくありません。

優秀な人材であれば、他社からもアプローチが掛かり、自社を上回るようなオファーを出されることも珍しくはないでしょう。オファー競争に応じてなりふり構わず欲しい人材を採りにいく……というのも考えられないわけではないですが、競争を避けられるなら避けるのがベストです。

潜在層へのアプローチから始まるリクルートメント・マーケティングのプロセスでは、タレントプールなど自社独自のデータベースをもとにアプローチをしていきます。当然ですが採用市場にまだ出ていない人材に直接アクセスできるわけです。転職意欲度が高くない段階から候

■ 転職潜在層と転職顕在層のジャーニーマップ

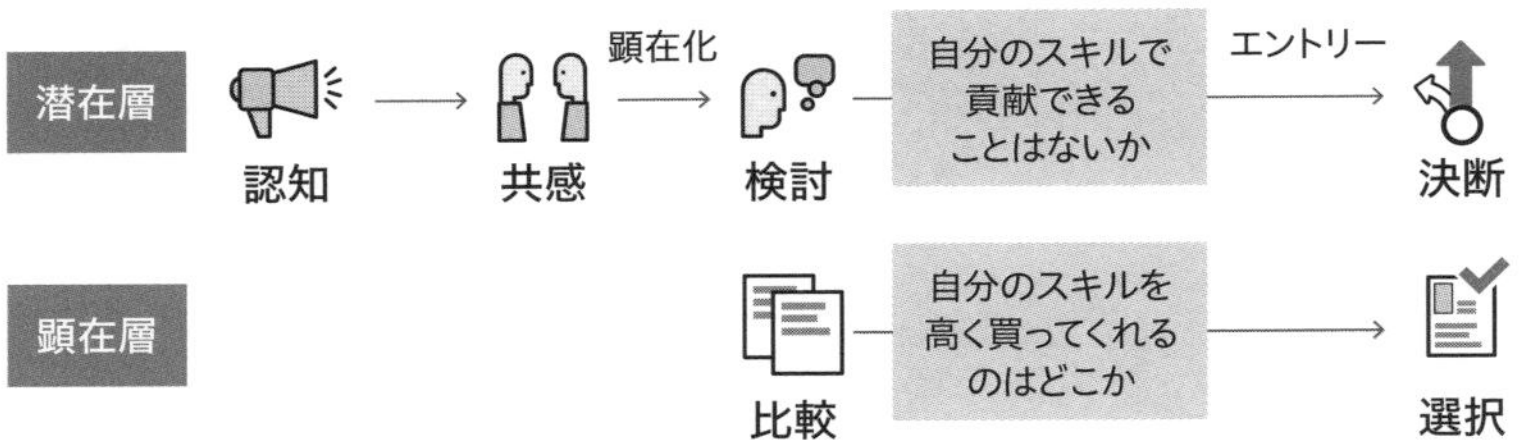

補者とつながっているので、最適なタイミングも見えていれば、他の企業が気づく前に一番にアプローチできます。これは転職潜在層への働きかけがうまくいくケースです。

一方、フロー型で顕在層へのアプローチから始まる従来の採用プロセスでは、すでに採用市場に出て、他社との比較を始めている候補者にコミュニケーションを図ることになります。候補者側も、カタログに並んだスペック一覧を見るように、待遇や条件の比較を前提として転職活動を行うため、もっともよい条件を提示した企業を選ぶというマインドになりがちです。

一社だけ面接を受けて転職の意思決定をする候補者はほとんどいませんが、潜在層へのアプローチが成功していた場合、自社を軸にして最終的な転職判断を行ってもらえるという大きなアドバンテージを得ることができます。潜在層の時点から候補者へのアプローチをスタートすれば、本選考前の時点で志望度を十分に上昇させるチャンスがあるのです。

家族からの支持を得る

大事なことは後から出てくる

相思相愛の関係と思っていたはずの候補者が、突然「実は、入社を考え直したい」と言ってくることがあります。採用担当者としては非常にショックが大きいものですが、よく話を聞いてみると「実は、結婚を考えていてパートナーから難色を示された」「家族がそもそも転職に反対している」といった事情が出てきたりします。俗に「家族ブロック」などとも呼ばれる、本人に入社の意思があっても家族の反対で破談になるケースです。

家族ブロックを回避するために、決裁者が候補者本人以外（家族、パートナー、話し合いにも存在するときは、その決裁者はどこまでを許容範囲としているのかを探る必要があります。決裁者に話を通せるだけのロジックを企業として持っていることが求められるだけでなく、転職タイミングなどの理解と共有も関係してきます。目の前の候補者だけでなく、その背後にまで想像力を働かせて情報を交換していくべきです。

■ クロージングの BANTCH

B（budget）	予算・条件
A（authority）	決裁者・キーマン
N（needs）	ニーズ
T（timing）	タイミング
C（competitor）	競合相手
H（human resources）	決裁者だけではなく、候補者の周りの人全体

給与条件の他社や現職との比較は、しっかりとしたプランを示し、企業の成長と共に最終的には希望が叶うようになるかもしれない。しかし「家族ブロック」に対しては、そういった情報提供だけでは難しい部分もあるかもしれません。

どのようにして候補者のネガティブ要因を払拭するのか。ポイントは事前情報をどれだけ得られているか。事前情報なしに払拭することは難しいですし、基本的にそうした要因は「個別事情」によるものです。採用の原理原則としては個別のセンシティブな情報を候補者に聞くことはNGですが、きちんとした関係性ができていればクロージングまでの段階でそうした「相談」をコミュニケーションの一部としてすることは現実的になってきます。会話の流れなども考え、不自然でなく、相手の不利益にもならないと思えるときに聞いてネガティブ要因を解決しておくことを検討してください。

ネガティブ要因のカテゴリーとしてはクロージングの「バントチャンネル（BANT＋CH）」で表せます。

■ BANTCHの例（メーカーA社から転職検討中の男性）

B（条件）	現年収700万円。希望年収750万円。
A（決済者）	奥様。共働きだが来年第一子誕生で、現年収から下がることは不安。
N（ニーズ）	お子さんが生まれるので、育休は1カ月以上ほしい。リモート勤務も週1はほしい。
T（タイミング）	現プロジェクトが9月で一区切り。年内、次プロジェクト開始前に退職意思を会社に伝えたい。
C（競合）	有名コンサルティング会社B社、今までの経験を活かせるメーカーC社。
H（候補者のまわり）	A社は引き留めに熱心。経営層まで出てきて何回も面談。

給与条件や入社・転職に首を振る人は誰なのか、本当にその候補者が欲している仕事や環境が提供できるのか、時期的に合っているのか、意欲は高まっているのか、競合他社はどうなのか、その候補者が関係するコミュニティの中でどう受け取られるのか。

そういった要素の一つひとつがネガティブ要因になるわけです。

BANTの四つの要素に関しては候補者とのコミュニケーションの中である程度対応することも可能です。CHの二つの要素は自社でできることが少ないですし、商品を購入する場合と違って「試しに二つ買ってみる」というわけにもいきません。そのために、どうしても他社に気持ちが傾くこともあるわけですが、そうしたことも踏まえた上で候補者のことを考え抜いてコミュニケーションしていくことによって結果は自ずと変わってくるはずです。

CHAPTER-4
03

採って終わりではない採用活動

エンプロイーサクセスという発想

従業員満足度の上を意識する

「採用活動は候補者を採用して終わり」ではありません。入社前段階も含め、入社後も続いていくプロセスであり、採用後の候補者のコミュニケーションや成長が次の採用成功にもつながっていくというのがリクルートメント・マーケティングの考え方です。

そうした考え方の先にあるのが「エンプロイーサクセス（従業員の成功）」という発想。デジタルマーケティングでは「カスタマーサクセス」という考え方があります。「カスタマー

(Customer)＝顧客」の「サクセス（Success）＝成功」、つまり顧客の成功を助ける活動です。これをそのまま従業員に適用して考えます。

カスタマーサクセスでは顧客に商品を提供する理由を、「顧客が成功すること」と定義しています。顧客が成功することで、その顧客が商品の「提唱者」「応援者」になり、さらに周りに商品を薦めてくれる存在になる（あるいは評判になる）という循環を期待しています。

同様に、リクルートメント・マーケティングでは入社後の社員のエンゲージメントを高めるための行為を「エンプロイーサクセス」と呼んでいます。

従業員の成功に企業として貢献することで、従業員のモチベーションや満足度が上がり、知り合いを紹介してくれやすくなるということです。これは、いわゆるリファラル採用に限った話ではありません。より広く、社員が会社の採用を応援してくれる、評判を広めてくれるところまで見込んでいます。

「エンプロイーサクセス」という言葉そのものはリクルートメント・マーケティング以前から存在していたものの、一般的にはなじみが薄く、しばしば「従業員満足度（Employee Satisfaction）」と同義に捉えられがちです。

従業員満足度は、従業員の満足が企業の業績向上にも要因しているという考え方のもとでマネジメントのあり方や仕組み、組織体制、職場環境の向上を目指します。これ自体も興味深いものですが、対して「エンプロイーサクセス」は、そうした従業員満足度の要素も含みつつ、より個人の成長や成功への支援を適切に行えるようにするものです。

従業員の「成功」をうらなう方程式

エンプロイーサクセスとは、従業員のエンゲージメントを高め、「社員が継続的に成果を出し、成果を出すことで成長を実感できる」ようにすることです。

「継続的な成果」の要件は、成果を出すためのスキルと、成長実感のためのモチベーションに分けて考えられます。

スキルを高め、高いモチベーションを維持することが継続成果につながります。

継続成果＝ スキル × モチベーション

まずはスキルについて考えてみましょう。スキルには大きく3種類があります。

・テクニカルスキル（プログラミングできる、Excelが使えるなど技術的なスキル）
・ヒューマンスキル（部下のモチベーションアップ、チームのリードなど対人的なスキル）

・コンセプチュアルスキル（スキル開発をどう事業に組み込んでいくかといった即座に正解の出せない問題に対して取り組む、思考力のスキル）

これらのスキルを従業員の目標設定に合わせて正しく開発する必要があります。そのためには、研修や上司・同僚からの継続的フィードバック、実践などが重要です。ポジションや目標設定に合わせてどういったスキルを獲得すべきかといった提案は上司が担うことが多いでしょう。人事担当者は事業部門と並走して、研修を用意したり、スキル開発の機会が確保できているか面談時に確認したりする関わり方が考えられます。

モチベーションを分解する

スキルと同時に継続成果に必要なのがモチベーションです。

継続成果＝ スキル × モチベーション

モチベーションについて考えるにあたっては、そもそもモチベーションが何から形成されるかを考える必要があります。

仕事における満足・不満足が何によって引き起こされるかを分類したハーズバーグの二要因理論（動機付け・衛生理論）があります。「満足」に関わる要因は「動機付け要因」に分類され、「不満足」に関わる要因は「衛生要因」に分類されます。

継続成果＝ スキル × 動機付け要因 × 衛生要因

「動機付け要因」は、仕事を行う中での目標達成や自分が認められること。責任やポジションが与えられる、昇進（報奨）が得られるといった欲求が満たされるところから生じます。

「衛生要因」は、会社の組織体制やマネジメントのあり方、仕組み、給与や福利厚生、職場環境、人間関係の欲求から生じます。「衛生要因」は満たされたからといって満足度が上がるものとも言えず、それらが満たされた状態で安心して仕事に取り組めるものです。

どちらかといえば「従業員満足度」の考え方は「衛生要因」に近いもので、従業員満足度が高まることで離職率が下がる相関はあるかもしれません。ですが離職率が下がることと働く人のパフォーマンスが上がることとは別の話だと捉えたほうがいいでしょう。その区分けがないまま「エンプロイーサクセス」と「従業員満足度」が混ざって議論されているケースが多いよう

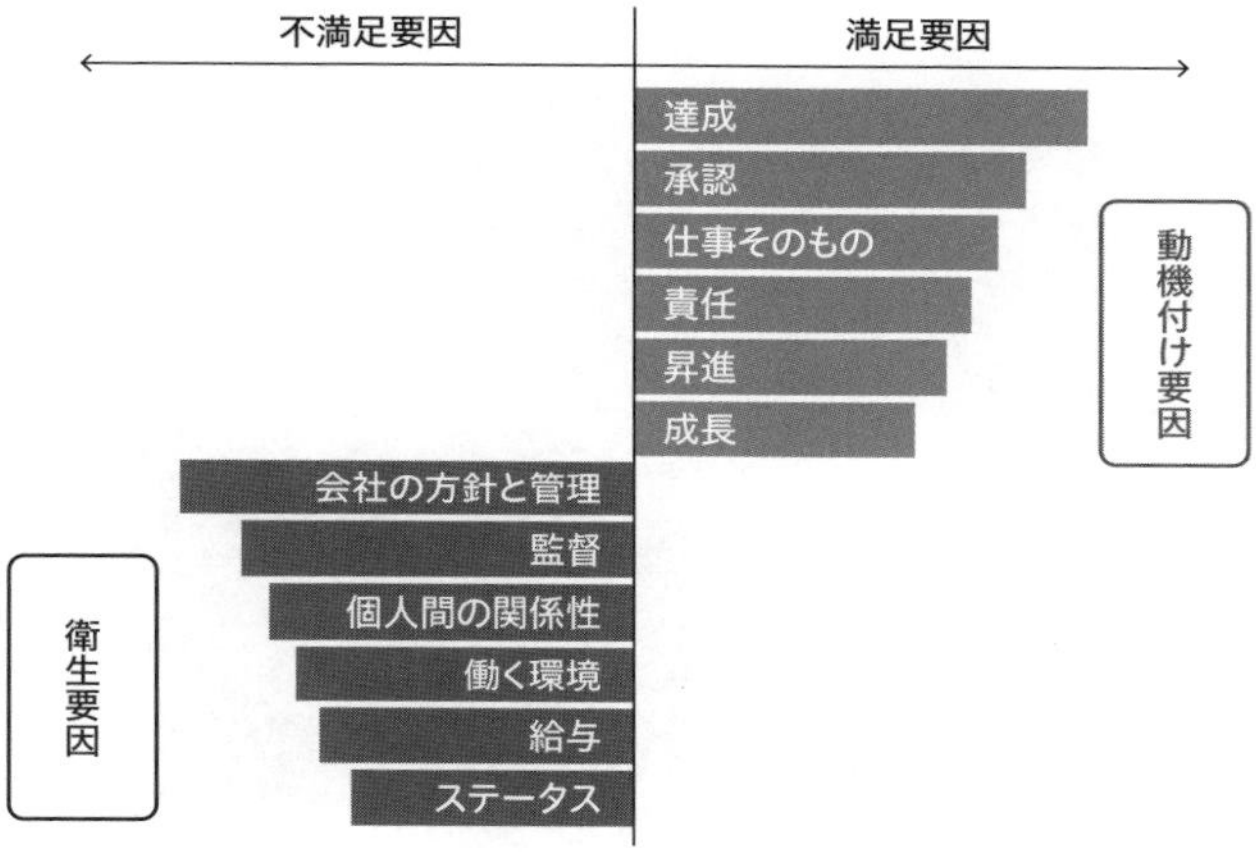

に思えます。

最近のトレンドで言えば、離職率を下げるために何をするかというよりも、働く人のモチベーションに目を向けていく傾向（動機付け要因の重視）があります。モチベーションの高さと業績には相関があり、その根本には従業員と企業がどういう部分で心理的に紐づいているかという関係性への着目があります。

そこから考えたとき、働く人の動機につながっているところで深い関係性をつくれている組織は強いということです。

例えば、その企業で非常に高いパフォーマンスで働いている人がいたとします。その人に職場環境（衛生要因）についてのサーベイを取ったときに、満足度の数字は高くないかもしれません。けれども一番のモチベーションは、経験できる業務が自己成長につながることや、社会的意義の高い仕事に関われて注目されていることだとしたら、それが高い動機付け要因になることはありえます。

衛生要因で気をつけることをまとめます。

●長期的にはハイパフォーマーにとっての衛生要因の負を放置しておくと離職につながる
●会社のステージによって、従業員の年齢や家族構成が変化し衛生要因に求めることや比重が変わってくる。会社として衛生要因をこの先どのように上げていくのか、今やること、やらないことを決めて従業員とすり合わせていくことが大事
●せっかく良い人を採ったのに会社からのサポート不足（現場任せのオンボーディングなどや上司との関係性などを理由にやめてしまうケースもある
●従業員のモチベーションを定期チェックできるような仕組みがあるとよい。変化が起こったときにマネージャーからアプローチしやすくなる。（簡単なＷｅｂアンケート等）

リクルートメント・マーケティングのプロセスで一貫している考え方は、候補者（入社後は従業員）一人ひとりに向き合って、よりよい採用のために動く姿勢です。

採用して終わりではなく、入社後も高い動機付け要因がつくれるように、個人の成長や成功への支援を適切に行う「エンプロイーサクセス」もこの延長線上にあると考えていいでしょう。

コラム

エンプロイーサクセスへの変化

これからは「従業員満足度」だけでなく「エンプロイーサクセス」も意識しなくてはいけません。この変化の背景には就労形態の変化があります。

従来のビジネスモデルは、基本的に労働集約、働く人はその組織の職能を身につけ、長期雇用のもとで段階的に職位のピラミッドを上がっていくのが常識でした。そういった年功序列の環境は、事業にもプラスという前提がありました。

長期間同じ企業に雇用されるわけですから、そこで不満を持たれないように「衛生要因」を満たしていくことが重要。動機付け要因を満たすことは最低限でもよかったのです。たとえ仕事はつまらなくても、まあ続けられるなというところが重要でした。

しかし現在は、そうした前提が覆えされています。働く人も同じ企業で長期雇用を望むとは限らず、企業もそれを保証できない。事業も変化することが当たり前。変化に対応できる組織や事業のほうが強いわけです。

同じ状態が続くことが働く人の定着につながるのではなく、自律的に変化していける人材がいること、そうした人材の動機付け要因が満たされるように「エンプロイーサクセス」を設計できているほうが結果的に定着にもつながります。

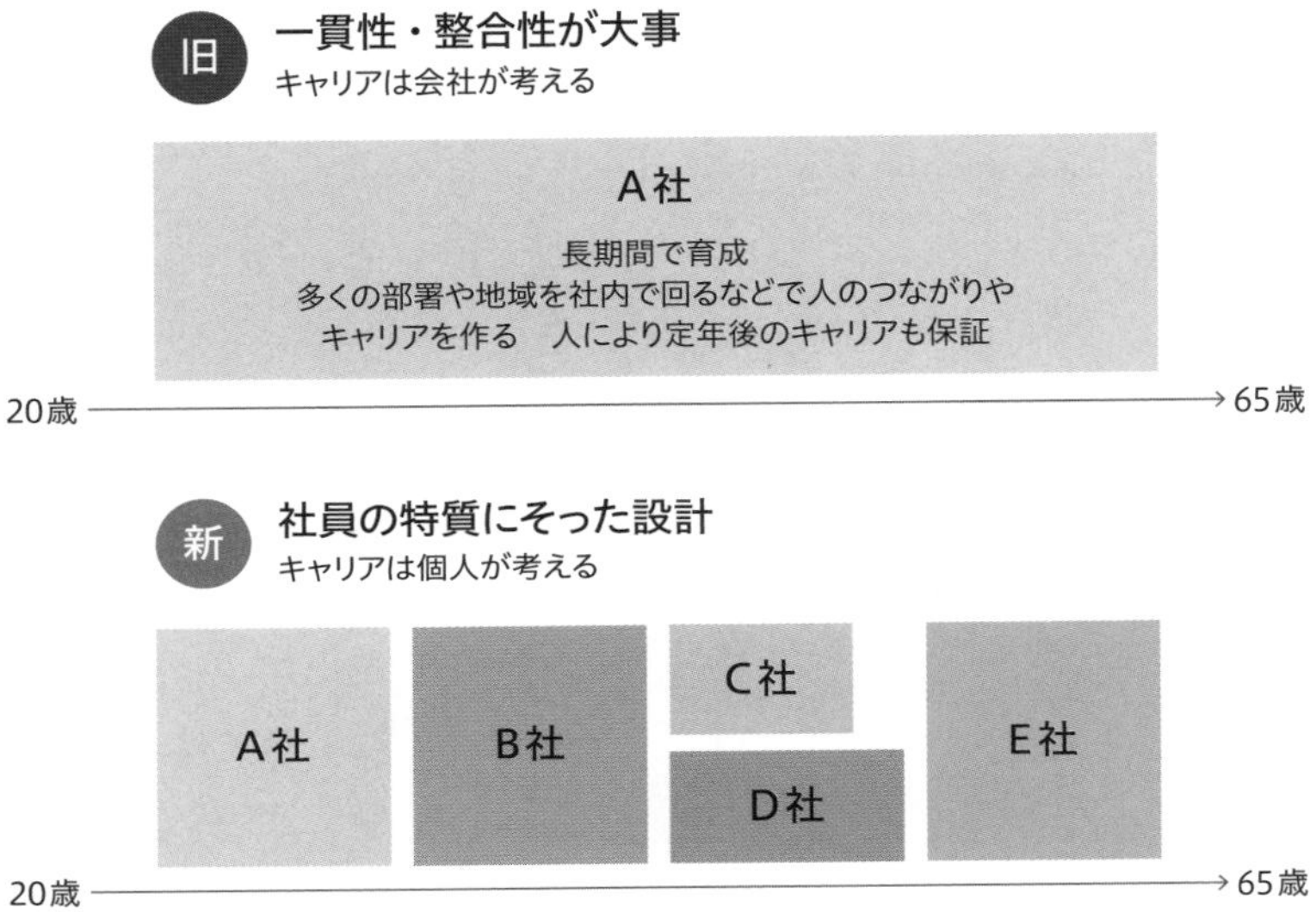

組織に結びつくことが働く人にとって安定なのではなく、その組織の本質、コンセプトと足並みが合って動ける人材であることが、その人にとっても企業にとっても安定につながる。「従業員満足度」から「エンプロイーサクセス」への変化には、そういった志向性の変化もあるということです。

定年が70～75歳になることによって、ビジネスパーソンとしての寿命が企業の寿命を上回ることが起きてきます。そのため企業に所属していることが安定していることではなく、企業のミッションやビジョンに合わせて業務や方向性を変えられること、あるいは会社を変えても通用する何かを身につけることが安定になります。

なぜ「エンプロイーサクセス」なるものが生まれたのでしょうか。実はこの領域は、昔から存在はしていました。一方で、社会の変化に伴って方法論が変わってくる中で、最新の労働者や企業に合ったエンプロイーサクセスが必要になり今また注目されているのです。

例えば、昭和的な「日本株式会社」では、従業員は家族の一員であり、各構成員は自分の意思よりも時には企業の意思を優先し、その代わりに能力開発から老後の面倒まで企業が全部まとめてお世話するという形式が一般的でした。それが今は、基本的には個々人が自己の能力開発やキャリア計画に責任を持ち、キャリアフェーズに合わせて最適な機会を提供してくれる企業を選ぶというように変化が生まれています。

個人の成長を促すためにできること

成功を助けるために―エモーショナルサイクルカーブ

いかに企業が社員の成功を助けていくのでしょうか。まず理解しておきたいのが、エモーショナルサイクルカーブ。これは、新しい環境に飛び込んだ人の精神がどう変化するかをモデル化したもので、Don Kelley と Daryl Connerが１９７０年代中旬に提唱しました。

入社したて、配属されたての時期が一番やる気が出て、そこから一度大きく下がった後に安定することを示しています。何か新しい環境に入ったり、新しい人と知り合ったりすると、人は一般的にこのような反応を示します。構造的要因と理解した上で、いかに下がった後のモチベーションを維持できるかが大事になります。

入社後に②根拠のある悲観の変化が起こる理由は「ズレ」です。例えば採用時に伝えていた挑戦機会が提供できないこと。採用時のコミュニケーションが適切でなかったために、会社で

■ エモーショナルサイクルカーブ

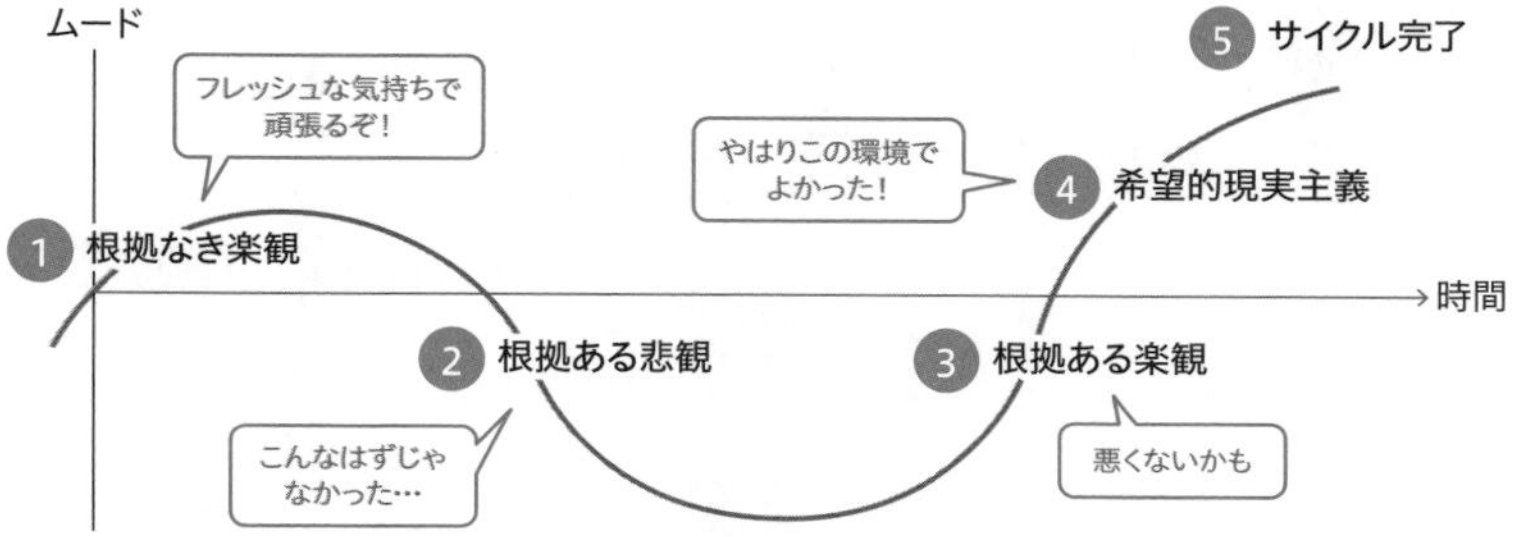

は次年度に計画していることを入社してすぐできるように思わせてしまっていたり、採用時から会社の状況が変わってしまったりすることなどで起きます。他には自分の能力・仕事の進め方を過信していたがうまくフィットできなかったことなどがあります。選考時に熱心に誘ってくれた人がいなくなるなんてことも新卒、中途問わず起こります。

①→②の下げ幅を小さくするには、マネージャーが新しく入ってきた人のコンディションをモニタリングし話をきちんとして、特に「なんでこの仕事やっているんだっけ？」という疑問に対してちゃんとＷＨＹから伝えて目線合わせをしていくことは有効です。

ウォンテッドリーではオンボーディングの一環としてＣＥＯランチを行い、「ＷＨＹ／ＨＯＷ／ＷＨＡＴ」をＣＥＯの口から説明することで、会社の方向性や大事にしている考え方を直接伝え、新しく入ってきた人と方向のすり合わせをしています。

また、会社内の仕事上での「縦の関係」以外のつながり（入社同期など）を作れるように機会をセッティングして、困ったときに一人で悩まないようにしています。

会社と社員がともに進んでいくために
―組織の価値観と個人の価値観を一致させる

従業員の成功を企業が助けることで、働く人にとっても企業にとっても利益が大きくなるようにするには、組織の価値観と個人の価値観を揃える、向いている方向を近づけることが非常に重要になってきます。

エンプロイーサクセスのためには「これとこれをやればいい」というどの企業にもあてはまるリストがあるわけではありません。あくまで企業ごとに異なる価値観、そこにマッチする個人の価値観どちらも大事にするというのが大前提だからです。

参考までに、私たちの場合はエンプロイーサクセスの実現のために評価制度に触れることからまず始めました。まずミッションに基づき会社及び各部門のＯＫＲ（Objectives and Key Results）をつくって目的と主要な成果の管理をする。自分たちが大事にすることを明らかにし、そこに向かう中で何を成果としていくかをすり合わせ、その達成度合いが明らかになるように体系をつくることをしました。

「価値」の媒体に工夫する

組織の価値観を伝える際には、働く人たちに興味を持ってもらうように工夫が必要です。ウォンテッドリーでは社内のデザイナーがビジュアルでも目を引くもの、直感的に理解できるものを作ることなど媒体を工夫しています。

ミッション、ビジョン、バリューやカルチャーについてCEOの仲がまとめ、毎年増補改訂している「Culture Book」を作り全社員に配っています。

カルチャーを作るのはトップだけでなく、社内/社外の各関係者です。いろんな角度からみた「自社らしさ」をトップダウン/ボトムアップでコンテンツ化しています。ウォンテッドリーでは社内の人だけが読めるブログサービスを使っています。経営層も現場メンバーどちらも執筆するのが特徴です。

トップダウン発信の良いところは、文化の浸透や目的意識の統一です。トップが自ら発信することで「自社らしさ」について一貫したビジョンを共有できます。

ボトムアップ発信の良いところは、書き手が本人（従業員自身）であることです。個々の現

■ウォンテッドリーのカルチャーブックの書影

場（部門）の課題や成果を全社で共有できます。書き手の人となりや考えが伝わりやすくなり、共に働く上でも参考にできます。

社内で価値を共有する方法はさまざまです。動画や社内ポッドキャストを採用している会社もあります。自分たちのやり方を探し出すために工夫をしてみてください。

投資と同じように双方で利益を出す

人材採用は投資と同じと考えることもできます。投資先も成長し、投資した側も利益を得ることができてこそ、真の成功です。

良い人材の採用には成功したけれど、すぐに辞めてしまったというのでは採用は本当に「成功」したとは言えません。営業活動でもすぐに解約してしまう顧客を獲得しても成功とは言えないのと同じです。人材採用を仮に「大きな買い物」だとすると、当然、買って終わりではありません。双方の利益になる期間ができるだけ長い方がいい。

自社で活躍し続けてもらうためには人材採用で言えば、どのような「エンプロイーサクセス」を提供し続けられれば、働く人がパフォーマンスを発揮し続けられるのかを考えることが必要です。

よくあるのは、採用するまでは人事にも非常に手厚く対応してもらえたのに、採用が決まって入社したらもう次の候補者にかかりきりで、社内事情がよくわからないまま放置されてしまうケース。極端な場合では、自分のPCも与えられるまでに時間がかかったりすると、「本当に歓迎されているのだろうか？」と不安になるわけです。また、特定の部署だけがなぜか採用しても人が続かないケースもみられます。

すぐに辞めてしまうので急いで採用するけれども、同じように辞めていく。そういった場合は何が、モチベーションが低下したり辞めてしまったりする要因になっているのかをサーベイなどで調査し改善することが必要でしょう。

従業員サーベイは従業員の職場環境を調査するためのアンケートなどの調査のことです。感覚値ではなく「動機付け要因」「衛生要因」どちらも計測できるツールもあるので、そういったものを使ってきちんと計測して従業員のコンディションを把握することも大事です。

個人の成長と成功を促すためには、入社後の「体験」までも事前にきちんと設計しておく。そして目標設定や１ｏｎ１を運用して定期的に個人のモチベーションや達成度、その変化も把握する。採用して入社したあとの個人の状態がどうなっているのかを把握できている組織を目指していきましょう。

CHAPTER

5

採用の好循環をつくり出す

採用は「採ったら終わり」じゃない

CHAPTER-5
01

採用にも正確な効果検証を

再現性を高め効率化を図るための数値管理

採用の成功ラインは「活躍」にある

採用の成功とは何か？　より少ないコストで予定人数を採用できる、有名大学の学生に入ってもらう、他社で実績のある社員に入ってもらう……。いずれも表面的には良い採用に見えますが、どんなにお得に、立派な社員に入ってもらったとしても、期待に見合った活躍をしてくれなければ意味がありません。

実際に採用した社員が活躍すること、期待以上の役割を果たしてくれることを採用における

「成功」と定義しましょう。では、その見極めはどうすれば良いのでしょうか。ひとまずは採用後、仮に半年から1年経過した時点で、業務・業績貢献への上長評価などから採用の成功度合いを検討するという見極めもできるかもしれません。

しかし、中長期的な組織持続性に寄与する人を採用できているかどうかは、短期の売上といった指標だけでは見えてきません。例えばリーダーシップのようなソフトスキルに関する効果検証は、量への還元が難しくもあります。ただし、指標として見えるようにするのが難しくても、不可能ではありません。こちらも同様にチーム内での評価や、上司からの評価などの定性評価を社内の評価システムに書き込んでいくだけでもある程度は見えてくるものがあります。

採用後のパフォーマンスについて絶対的な評価を突き詰めるのは難しいところではありますが、それでもどういった人材を求めて採用したか／どういう効果が見られたかについてデータとして残しておくことが重要です。データを表などにまとめて人事担当者が常に管理しておけば、採用の成功度合いを計測することが可能になります。

恐れるべきは「とりあえず採っただけ、人数や経歴だけで満足して追跡調査をしない。雰囲気だけで有能無能のレッテルを貼る」といったいきあたりばったりの態度です。計測するためにはデータが必要です。こういったデータを意識して残していきましょう。

採用工程全体の効果検証と施策

従来型の採用でも、応募数の年度ごと比較、母数に対して選考通過者や内定者の割合はどれくらいか、採用広告やエージェント費用に対しての成功率といった効果検証は行われています。しかしながら、その前後の工程も含め採用工程全体で一貫した評価基準を用いて効果検証が行われているかとなると、そこまでやっていない企業も多いはずです。

採用においては、認知獲得からエンプロイーサクセスまでの全工程をもれなく実行に移したとしても、すぐに効果が現れるわけではありません。

ましてやこれからの採用はリードタイムが長いため、間違った方法で突っ走ると、後で泣きをみることにもなります。こういった思い込みによる迷走を避けるためにも採用工程（ファネル）の上流から下流までを細分化し、細かなチューニングを臨機応変に繰り返す必要があるわけです。その際、計測できないものは改善することができないため、まずは各工程の効果を定量観測可能な状態にすることが必要になります。

ここで、本書がこれまで追ってきた認知獲得から入社後の活躍に至るまでの採用工程（リクルートメント・マーケティングのファネル）に基づいて、各工程でモニタリングすべき重要指

■ これからの採用

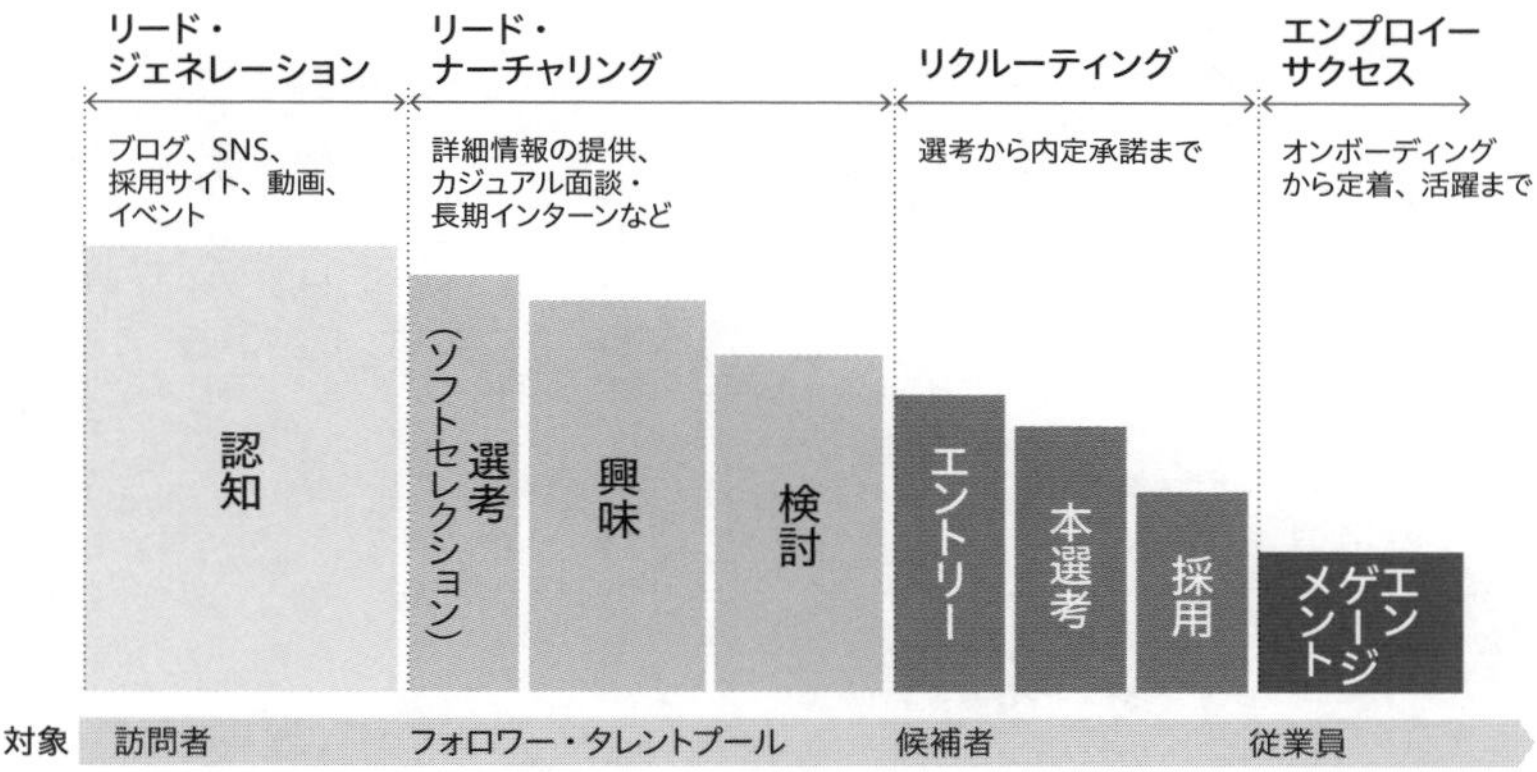

標を挙げてみましょう。

認知：記事PV／ブランド認知率

認知獲得においては、採用ブランディングのための情報発信がキーとなります。そのために自社の採用ブログ等を運用する場合、一番わかりやすい成果指標となるのが記事のPV（閲覧数）です。

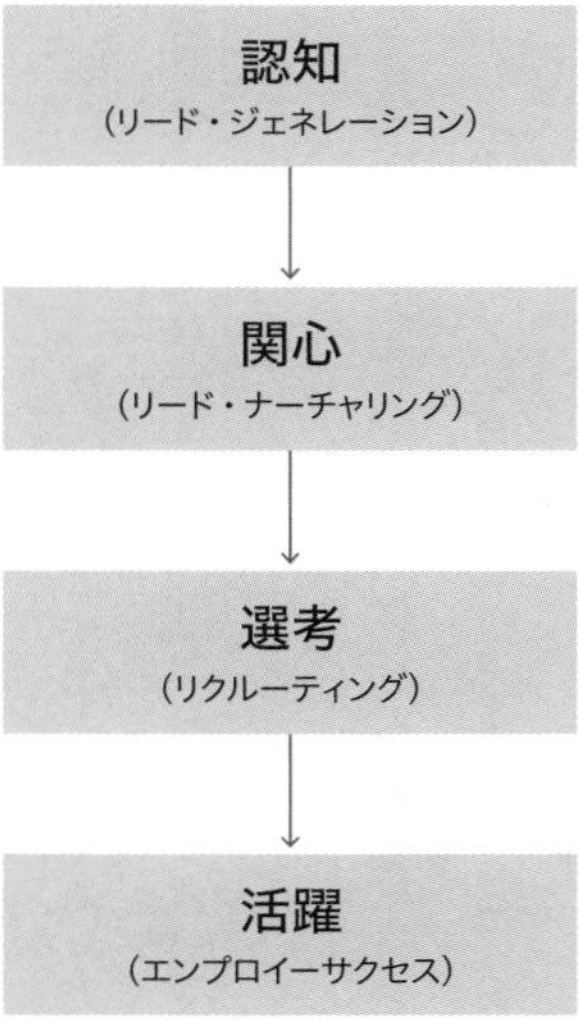

インターネットでの情報発信のメリットは、発信にまつわるあらゆる数値が可視化できること。発信した情報がどれだけの人に届いたか、各投稿を通じてどれだけのエンゲージメント（SNSでの拡散や投稿経由でのエントリーなど）が発生したかなどを中長期的に追うことで、情報発信の精度を上げていきましょう。

PVはわかりやすい指標である反面、適切な認知を獲得するための定性的な効果検証とセットで行わない限り、PVは向上したが誤ったブランディングにつながってしまう危険性もあります。そのような事態を避けるためにも、自社の姿を候補者に「正しく」伝えられたかどうかを見定めるための追跡調査を1年に1回程度のペースで行いましょう。具体的には、自社の採用情報に触れたのはいつ・どこだったか、初回の情報接触の前に自社にどんなイメージを持っていたか、情報に触れたことでそのイメージがどう変化したかなどを過去に接点をもった候補者にアンケートし、その結果をもとに以後の広報戦略を検討していきます。

本格的に予算を組んで採用広報を進めていきたいのであれば、調査会社と組んでターゲット層への採用ブランドの浸透を定点観測してみるのもおすすめです。

関心：カジュアル面談数／インターンエントリー数／イベント参加数

営業の目標達成が厳しいときに訪問などの行動数を増やそうとするように、採用で不振に陥った企業は目先のエントリー数を増やすことに注目しがちです。しかし、あなたの会社をほとんど知らない人が、入社意思を示してくれることはほぼありません。エントリー起点の採用が引き起こすさまざまな問題やミスマッチの懸念については本書でも繰り返し述べてきたとおりです。

それなのに、とにかく選考する人数を確保しようと媒体やエージェントへの費用を増やすことは、限られたリソースを逼迫することにつながるでしょう。

そこで採用ノルマに追われる会社は、自社に合うか合わないかの基準を変えて無理にでも人数を確保するということになります。そうすると結局、組織内がうまく回らず疲弊していきます。かたちの上でいくら人数を確保できたとしても、後でさまざま問題を発生させてしまう採用を行っていたのでは「採用成功」とは言えません。こういった採用は何より人事の業務を圧迫します。普段から忙しい中、志向性が異なって本来自社とは合わない人の面談にも時間を取られ、新しい施策を考える時間もなくなっていきます。

もともと人事は人員の数も限られていることが多いため、エントリー数ばかりに引っ張られてそこにリソースを使い続けると、本当に採用したい人に会える確率もどんどん下がってしまいます。

そこで選考エントリーへの「中間指標」となる「出会いの数」を追うことからまず始めましょう。選考ではない形で人材と出会い、自社をプレゼンできる機会が「カジュアル面談」です。その細かな実施方法についてはすでに述べた通りですが、自社の情報発信とセットでカジュアル面談を行うことで、潜在的な採用候補者からの興味関心を引き出しやすくなるとともに、いざターゲットが仕事を探し始めたときに自社を想起してもらいやすくなるのです。

他にも、勉強会や自社関連イベントのオンライン／オフライン開催なども、多くの潜在層に出会う手段として有効です。また、新卒採用には長期インターンシップを実施するのが最適であることもすでに解説した通りです。

出会いの数＝将来的に自社に入社してくれるかもしれないタレントプールの規模であると考え、潜在層との出会いを増やすことを最初の目標に据えて動いてみましょう。

選考：本選考の移行率／最終面接数／内定辞退率

もちろん、出会った数を増やすだけで即採用に結びつくわけではありません。本選考への移行率は、情報発信や接点の創出が採用全体にプラスに働いているかどうかをうらなう重要な指標になります。カジュアル面談やイベント等で接点を持った人材が選考に進んでもらうために有効なのが初回接触からの継続的なアプローチです。

ウォンテッドリーでは、採用難易度の高いデザイナー職を採用するために、過去にイベント等で接点を持ったデザイナーに自社のオリジナルグッズを配布したことがあります。その結果、ターゲットからデザインのこだわりを知ってもらい、共感してもらう、好きになってもらうことに成功し、見事に採用につながりました。

グッズを配らなくとも、ターゲットに自社の情報が届き続けるよう継続的な発信をすることで自社への意向度、ひいては本選考への移行率に大きな影響を与えることが可能です。

内定辞退率はCHAPTER 4で述べたように、辞退率の数字を下げて早期退職を増やすことがないようにしましょう。

活躍：定着率／エンゲージメントスコア／各事業部の指標

採用活動において正しいマッチングがなされているか表すもっともわかりやすい指標はやはり、入社後の定着率でしょう。

しかし定着率は成果として数字に表れるまでに時間のかかる指標であるのに加えて、正しく自社のカルチャーにマッチする人材を採用できたからといって、その活躍を促すような会社からの働きかけがなければ定着には至りません。

そこで重要なのが、「エンプロイーサクセス」という考え方です。とりわけリモートワークが急速に浸透した昨今では気がつきにくい、目標達成への意欲や責任感などのモチベーションの変化や環境面のストレスを察知するためのエンゲージメント・サーベイを実施すること、そしてその結果を組織運営に活かすことはこれからの時代において重要度を増す一方でしょう。

さて、採用後の定着・活躍が大切なのは、もちろんこれらが事業推進に欠かせない要素であるからです。そこで、採用がどのように事業部の目標達成に寄与できたかを追っていくことまで役割を拡張していく動きが、昨今の人事領域において見られ始めています。

このように人事として培ったスキルセットを軸により深く事業にコミットするポジションのことを「ＨＲＢＰ（HR Business Partner）」と呼びます。ＨＲＢＰは経営者や事業部マネージャーのパートナーとして、経営目標・事業目標の達成のために人事責任と組織責任を負うポジションのこと。ＨＲＢＰにとって採用は達成のためのひとつの手段にすぎず、組織開発や制度、研修なども含めて提案できるようになることが求められます。

採用工程を細かく分解して改善する

本来、採用は長期的なマーケティング視点に立ってPDCAを回しながら行うものです。エントリーなどの「区切り」を用いて採用を検証することは、工程の一部を切り取って、短期的にその数を追うだけです。エントリーの前段階から、それぞれの工程（ファネル）に沿ってどのように施策を組み立てるかといったこともいまの採用市場では考えなくてはなりません。

プロセスごとに数値が計測できるようにして検証を行い改善していく。その繰り返しによって「いい候補者体験」をつくることができ、採用がうまく回っていくようになります。さらに計測できる指標のプロセスを細かく分解するほど、振り返り、検証のサイクルもより短くすることができます。

採用活動はリードタイムが長くなるため、通常、効果検証サイクルを回すのもどうしても時間が長くなってしまいます。先述したファネルのうちボトルネックがどこに潜んでいるのかを見極め、細かくタスクを分解したうえで改善のサイクルを迅速に回す。細かな調整を常にし続けることで、採用数が上向いていくことになるのです。

CHAPTER-5
02

これからの人事の役割

従業員を成功させるために人事のすべきこと

「採ったら終わり」時代の終わり

事業を取り巻く環境や働き方の変化に伴って、採用活動の意味や意義が大きく変化する中では、当然、人事に求められる役割も大きく変わってきています。人事がどのような戦力で、どう動けば会社をもっと強くできるのか考えましょう。

そもそも、これまでの人事の仕事は「採用重視」に偏りすぎていたという課題があります。本来は、採用のみならず採用以前、採用以後も重要です。その仕組みづくり、経営陣現場（事業部）を巻き込んだ採用活動の理解、トータルの効果検証を行うのが人事の中でも採用チームの役割なのです。

規模の大きくない企業では特に、採用以後の人事の仕事が手薄になっていることが多いです。とりあえず採用が終わったら入社案内を連絡して、歓迎会の段取りをして終わり……ではエンプロイーサクセスにはつながりません。

入社した人のパフォーマンスが発揮しやすい環境をどのように整え、最終的に定着から活躍までつなげていくのか。そういった視点がこぼれ落ちてしまっています。入社後の立ち上がりの部分で悪い体験が発生すると、ギャップを感じて早期退職につながりやすくなります。1年以内の離職率も低くない現在、人事が採用以後の立ち上がりをきちんと見ていく必要性は高まっています。

採用がうまくいっている企業の人事は、新人や中途で入社したての社員の活躍をつぶさに把握しており、彼らがどう活躍できるかに気を配っています。

メンバーシップ型雇用の終わり

さて、入社後の定着までを採用の工程に含めるべきだからといって、それがすなわち「定年まで面倒をみる」ことを意味するかといえば、必ずしもそうではありません。

終身雇用を前提とした従来の日本型雇用モデルは、メンバーシップ型雇用とも呼ばれ、入社から退職までのキャリアパスを転勤や異動などの人事采配を通じてデザインすることが会社の役割でもありました。しかし、こうした人材育成のあり方は流動化のすすむ現代においてはなかなか成立しづらいものがあります。

メンバーシップ型雇用には、社内である程度パターン化されたキャリアの「型」に合わせて個人の能力を鋳造することができるというメリットがありました。これは事業を取り巻く変化が少なく、「型」を守りさえすれば連続的な成長が見込めた時代においては合理的で効率的なものでした。同じ能力を持った人間を100人用意できれば、そのまま素直に事業がスケールするからです。同時にこういった「型」にはまった人材は、社内人材としては有用でも、「型」の違う他社では活躍が難しいなど、社内に人を縛り付けるという側面がありました。

しかし、事業が常に外部環境の激しい変化にさらされている今の時代において、そうした規定のパターンを守るだけのやり方では組織運営が難しくなります。同じ能力を持った人間がどれだけいても、その能力が一夜にして陳腐化してしまうような変化が毎年のように起こっているからです。それ故に、こういったひとつの会社でしか通用しないようなキャリア形成のあり方を従業員側も敬遠しがちになってきています。

スポーツチーム的組織をつくる—ジョブ型雇用

メンバーシップ型雇用に代わって、近年注目されているのが「ジョブ型雇用」です。ジョブディスクリプションで明確化された職務要件に従って人材を雇用するこの雇用モデルは、専門分野に秀でた人材同士をかけ合わせることで組織を編成していくという意味で、スポーツチームのマネジメントに似ているところがあります。

プロのサッカーチームでは、一貫した戦略に基づいて選手の獲得や采配を行います。例えば、身長が高く、相手のオフェンスとゴール前で張り合えるディフェンスの選手が欲しい。あるいは、ドリブルの突破力にすぐれ、正確なセンタリングを上げることのできるサイドアタッカーが欲しい。適材適所を突き詰めるためにも、各ポジションに必要な専門性を持った人材をピンポイントで採用することが必須です。

名門校出身だからという理由でジョブディスクリプションなく一括採用し、ジョブローテーションを繰り返しながら時間をかけて能力開発を行う。こんな旧来型のメンバーシップ型雇用のモデルはそこでは成立しません。

ますます環境の変化が速くなっている現代ではプロジェクト単位、事業単位でそこに必要な能力を持った人を集めることの重要性が増すばかりです。

こうしたピンポイント採用を円滑に行うためにも、認知獲得から入社後の活躍にいたるまで採用工程のブラッシュアップが必要です。採用工程全体の見直しを本書が繰り返し主張してきたのも、こうしたジョブ型雇用モデルへの潮流の変化を背景にしたことでした。

必要な能力を持った人が「このミッションのために自分の価値を提供し貢献したい」という目的意識を見出せるような組織をつくり、それを社外に向かって開いていく（発信していく）こと。スポーツチームにとってファンが大切であるように、成果を挙げ続ける会社であるためにもファンづくりが欠かせないのです。

健全な新陳代謝をデザインする

さて、人材の流動性が低いメンバーシップ型雇用に比べ、ジョブ型雇用の組織モデルにおいては選手の移籍と獲得を繰り返すスポーツチームのように組織の健全な新陳代謝が前提になります。

新陳代謝というと「定着・活躍までが採用」という本書のメッセージと矛盾するように感じられるかもしれません。

もちろん、自社のビジョンやミッションに合致する人とできるだけ長く一緒に働けるように

雇用制度	メンバーシップ型	ジョブ型
仕事内容	明確になっていないことが多い（ジョブローテーション）	ジョブディスクリプションで定義されている
採用	新卒一括採用中心	中途採用中心
異動	ある	基本ない
賃金	職能給が多い	職務給
昇給	年功序列になりやすい	年次に関係なく職務や実績重視
人材の流動性	低い傾向にある	高い

することがエンプロイーサクセスの目的です。しかし現実として日本的な終身雇用モデルは崩れつつあり、働き手にとっても複数年契約でさまざまなチームを渡り歩くスポーツ選手のようなキャリアを選択することは今後ますます当たり前になってくるでしょう。

「健全な新陳代謝」という言葉によって意味することはつまり、一人ひとりのキャリアプランによって退職は発生するものだという前提に立った上で、個人に依存しない業務設計や組織設計を会社として行うということです。

言い換えれば属人化を排することが重要なのです。「この人にしかできない」というような専門性の高い職能の持ち主を採用することに成功しても、その人が退職したことにより同じことが再現できなくなるようでは意味がありません。

そのためにも、辞めていった人のスキルや知識が組織の中に蓄積され続けるような組織運営のあり方を各事業部と連携して作っていくことが大切です。

組織の新陳代謝のデザインがうまい企業とは具体的にどんな企業なのか。世の中で「○○出身者」であることがブランドになっているような企業を思い浮かべてみてください。

それらの企業が人材輩出企業として高く評価されているということは、裏を返せばエース級の人材が定期的に退職する企業でもあるということ。それなのにそれらの会社が安定した成長を続けているのは、スキルやノウハウの属人化を回避しているのはもちろんのこと、退職者の活躍ぶりを通じて「この会社で経験を積めばどこに行っても通用する」という認知を得ているからでもあります。言うまでもなく、こうした認知は新たなタレントを惹きつける要素になるわけです。

新陳代謝を組み込むことによって、長年勤め上げて年功序列的に昇給した人の給与を優秀な若手の給料にあてることができるため、採用を優位に進めることができるでしょう。

「**辞めてほしくない人材を辞める前提で採る**」。なんだか矛盾を感じるフレーズですが、雇用流動性が高まる以上は避けられません。過度に退職を恐れて、「求めている人物像とズレがあるが、転職はしなさそうな人材」を採るよりはよっぽど健全です。

個人と会社の関係性を見直す

組織の新陳代謝が活発になるこの先の時代においては、必ずしも「退職」が働き手と企業の関係の終わりを意味しなくなります。私たちの会社でも、独立した「卒業生」が業務委託などの形で手伝ってくれることはこれまでたびたびありました。個人が会社をいくつも渡り歩くようになれば、転職後にキャリアを積んで自社に帰ってくる（一度退職した人を再雇用する）という選択肢も比較的珍しいものではなくなっていくでしょう。

大切なのは、企業と個人の関係性が今も、そしてこれからも変化し続けるということです。従来の社会構造では、基本的には、企業だけが生産手段を持っていました。ところがＩＴ化やデジタル変革が進行したことによって、企業という形態でなくても生産活動が行えるようにどんどんなっているのです。いつでも、どこでも、誰とでも働くことが可能になった現代では、さまざまな関係性がフラットになっていきます。そして従来にはなかった働き方や新しい職種も増えていく。働き方の価値観の多様化が進んでいます。

働き方が変わる

このような時代の変化によって、これまでの雇用主と被雇用者という強制力を伴う関係を前提としない事業の進め方も増えていくことが予想されます。

つまり、プロジェクト単位でチームの立ち上げと解散を繰り返すような、法人と個人による新しいコラボレーションの形です。働き手は、ひとつの企業に長く在籍し続けるのではなく、ある特定のミッションをもとに企業と関係性を結び、そのプロジェクトが終わればまた別の企業が動かす新たなプロジェクトに移る。人材が流動化するということは、ただ単に退職者が増えるということだけではなく、組織の輪郭そのものがまったく新しいものへと生まれ変わることも意味するのです。

流動化が進む中で、それでも自社のメンバーとして働くという意思決定をしてくれる従業員に対しては、企業や人事はどのように働きかけどのようにサポートすることで「エンプロイーサクセス」につなげることができるのか。

それは、働くことの透明性確保と、お互いの利益を最大化することへの合意でしょう。この会社ではあなたに、こういった経験、人のつながりを提供できるということを明示し、お互いにマッチすれば契約をする。もしも、その関係性がお互いに最適なものでなくなったときには、お互いが「どうするか」を選択できる。そうしたフラットな関係性こそが、これからの時代における雇用の前提になっていくのです。

これからの人事は採用の〝指揮者〟になる

成長する企業の人事とは

人材の流動化が進み、企業と個人の関係性が変わるということは、私たち人事のキャリアに関しても言えることです。「この会社で人事としての職務をしたい」という意気込みはすばらしいものですが、それが同じ仕事をずっと続けたいという意味であれば、時代の変化がそれを許さないであろうという前提に立ち返ることが必要です。

これからの時代を生きる人事は、これまでの人事領域の枠組みの中だけでスキルやノウハウを身につけるのではなく、事業へのコミットメントを求められていくことになるでしょう。HRBPという新しいポジションについて述べたのも、その一例です。採用関連業務をつつがなく行うことだけでなく、事業や企業の成長にどのように関与できるかを考え直し、新たな価値を創出するところに人事としての価値が移ってきています。ピンポイントで必要な人を採用するためには、人事がまず事業を高い解像度で理解したうえで、必要とする人材の要件を見極められなくてはいけないからです。

実務的な部分から言えば、現場、事業部とどのように連携していけるかが鍵になります。現場の課題や文化、今後の成長の指針、どういった人材が短期的／中長期的に必要か、そういったところまで考えてはじめて、採用はうまくいきます。

中には採用のオーナーシップを事業部が持つといった企業も現れてきています。そうなったときの人事の役割はどう位置づけられるのか。

私たちがイメージしているのはオーケストラの指揮者です。採用コミュニケーションの上流から下流まで全体像を見つつ、各パートを最高の状態に持っていけるように指揮を執り、良い候補者体験を作りながら採用のプロセスを進めていく役割です。

人事が採用の指揮者として機能するときに、具体的にはどのような実務を担うのか。大きく三つの業務が考えられます。

●採用プロセスの最適化

- ●自社ブランドの定義／採用の要件定義
- ●数値管理／効果検証

第一に採用に関する無駄な作業を減らし最適化していくことがあります。ツールの管理や連絡系統の整理などが該当します。

そして第二に、採用を踏まえたブランド定義をきちんと行って、現場をサポートしていくことです。採用広報のための要件定義と言い換えてもいいかもしれません。現場レベルでは見えない、統一できない自社ブランドの定義や、会社全体で欲しい人材・自社が大事にする価値観などを整理して現場に浸透させることで、会社全体としての採用の方向性を統一できます。現場（事業部）とのやりとりだけでなく、経営陣も巻き込んで、採用の方向性を決めます。

第三に数値管理です。管理ツールを利用しデータを集約して現場に改善のアクションを提示してサポートしていきます。

何より重要なのは組織としての採用の要件定義です。組織共通で見たときにクリアすべきポイントをクリアできていない採用は行わないようにする。抑止効果を適切に働かせることも人事の役割になります。そうしたときに事業部のマネージャーとの関係性も非常に重要になってきます。Netflixのような極端に分権採用を行う企業になると、事業部のマネージャーが採用のオーナーシップを持ち、人事はアドバイザーとしての立場になったり、クライアントとサービス提供者のような関係性になったりすることも考えられます。

人事の役割も実務もこれから大きく変わっていくことは避けられないでしょう。

本来、事業運営と組織づくりは切り離せません。採用はその中核になるものですから、事業部のトップが採用責任も持ち、人事との協業体制で「強い組織をつくる」ための採用を行っていくことが求められます。

黙っていても人が採用できた時代は遠い過去のものになってしまいました。人が採れないことを前提として強い組織をいかにつくっていくか。そのための採用の仕組み、体制をどのように構築するかをきちんと「考える」ことをすぐにでも始めましょう。

これからの採用市場とどう向き合うか

採用市場の変化は逆行しません。短期的には売り手市場/買い手市場という動きがあるかもしれませんが、労働人口が減り続ける以上、常に市場全体として優秀な人材を採用する難易度はこの先上がり続けます。

この変化に際して、一言で言えば、従来の人事の仕事のやり方、置かれたポジションから目覚めることが必要です。すでに始まっている変化だけでなく、今後加速していくであろう人材流動化も踏まえ、自分たちの仕事の役割をどのように定義し直すか、これからの組織づくりに貢献するかが問われます。

言ってしまえば採用活動を必要としているのは、労働力が必要な困っているときです。だから、どんな人が自社のこれからに合うのだろうというWHYよりも、なんとなく忙しくて人が足りていないから採用しようと考えてしまう。しかし、このなんとなくの採用は、組織づくりに貢献しているでしょうか？

何のために人材が必要なの？　そういった問いかけを行えるのも人事に携わる私たちだからこそです。そういった問いを立てていくと、なんとなく忙しいから人が必要というのは、業務の見直しやオペレーションの問題解決によって、もしかしたらその場での採用をしなくても解決できることかもしれません。それによって中長期的視野できちんと自分たちの企業の文化を一緒につくっていけるような人を採用することに集中することもできます。

また、実際に人が必要だったとしても、なんとなく必要そうだから採ろうでは結局うまくいきません。短期的に、どの分野での成果を求めるのかをきちんと割り出すべきです。

これまで企業は「選ぶ立場」の時代が長年続いてきました。ですが、今はもう働く人も企業もお互いが選び選ばれる立場です。

学生や中途人材と日々会っていく中で、人事担当者は大きな勘違いをしてしまうことがあります。それは自分たちが「選ぶ立場」で「絶対的に強い」という勘違いです。目の前の人材は自社に入りたがっていて、こちらはそれを自由にできる、いわば生殺与奪の権利が与えられているように思ってしまう人事担当者は少なくありません。そういう背景があって、候補者に横柄な態度をとったり、ストレスを与える面接をしたりという暴挙に出ることが後を絶ちません。これは大きな間違いです。会社の採用力を極端に弱めて企業ブランドも落ちます。

人材は減り続けているし、自社にマッチする人材も減り続けます。企業側は採用市場で候補者に見つけてもらう／選んでもらう努力をし続けないといけません。従来の採用が「仕入れ」であったとすれば、これからの採用は「マーケティング」であり「営業」です。今まで、立場を悪用して横暴な仕入れをしていた企業は選ばれようがありません。

仕入れであれば主に条件面の交渉ですが、マーケティングや営業となると、根本的に自分たちをどのように魅力づけするか、どのように伝えれば正しく魅力が伝わり、自社を選んでもらう意思決定につながるかを考えてすべてを実行しなくてはなりません。

マーケティングや営業の視点は、これからの人事に必須のものです。そこで、「学び続ける人事」というあり方も重要です。マーケティングや営業の世界がデジタル変革も含め日々進化しているように、人事を取り巻く環境も日々変化しています。

そこでは学び続ける人と学ばない人で大きな断絶が生まれます。この本を通して、よりよい採用ができるように一緒に頑張りましょう。人事領域の外側の知識や発想も持てるようになってほしいと思うのです。

コラム 現場の採用に学ぶ

各社がどのように採用を行っているのかを知るために、採用に強い3社の人事の方にインタビューへ協力いただきました。会社規模や業界が変わっても各社が共通する所と、強みを磨いている所の違いがあり、自社に導入する際の参考になるかと思います。巻末付録として掲載しています。ぜひご一読ください。

APP.

インタビュー：峰岸 啓人（株式会社サイバーエージェント技術人事本部）／聞き手：加勢犬

なぜサイバーエージェントには採用難でも良い人材が集まるのか

ITエンジニアは増え続ける需要に対して、供給が追いつかず、熾烈な採用合戦が繰り広げられている。ところが、困難な状況でも、サイバーエージェントは優秀な人材を多数獲得できている。良い採用を支える文化や施策について、新卒エンジニア採用責任者の峰岸さんにお話をうかがった。

――エンジニアの採用市場が年々過熱する中で、サイバーエージェントが抜きんでた成果を得るのはなぜでしょうか。

弊社の強みの1つに「採用には全力をつくす」があります。これは、サイバーエージェントのミッションステートメントにも明記されており、社員が採用に協力するカルチャーが組織に根付いています。現在新卒エンジニアの採用に関しては、約300名の現場エンジニアに携わってもらっています。関わり方に濃淡はあるにせよ、面接やインターンなどの採用活動に現場エンジニアがこれだけ関わってくれる企業は稀だと思います。

――300名というとかなりの人数です。人事、現場はどういうかたちで採用しているのでしょうか。

新卒採用においては年度あたり約100〜150名の採用計画をたてています。職種ごと（モバイルアプリ、We

bフロントエンド、バックエンド、ゲームクライアント、機械学習エンジニア・データサイエンティストなど）に新卒採用人事と現場エンジニアでチームを結成し、採用活動を行っています。

各チーム、現場エンジニア側に採用リーダーの役割を担う人がいるので、新卒採用人事と一緒に年間の採用戦略、評価基準、インターンの設計などを行っています。現場の人間がここまで入るのは大きな強みだと思います。

——カルチャーがあって、それが強力に採用を推進しているんですね

はい。ただ、採用協力のカルチャーがあるだけではうまくいきません。実際、過去には現場エンジニアから稼働負荷が多すぎるといった課題を指摘されたこともあります。「採用には全力をつくす」というカルチャーが強いがゆえの反省点として受け止め、少しずつ改善しています。

——中途での取り組みのお話もお聞かせください。

中途採用は、基本的に事業部ごとに採用を行っています。私は全社の採用を見ているので、全社的な取り組みについてご紹介します。

２０２1年の秋以降、エンジニアを育成するための特別プログラム「Academy」シリーズをスタートしました。この1年で、バックエンドエンジニアを育成するための「Go Academy」、グラフィックスエンジニアを育成するための「Graphics Academy」、モバイルアプリエンジニアを育成するための「Flutter Academy」を開催してきました。

「Academy」シリーズでは、社会人経験があり、業界問わず業務でプログラミングの経験がある方を対象にしていて、週末を使った約3ヶ月でその技術を習得するためのカリキュラムを提供し、参加費用は無料としています。その中で、成績優秀者には選考過程をスキップし最終面接を受けることができる「最終選考ＰＡＳＳ」を付与して、採用に繋げています。

人材が不足している職種について、サイバーエージェントが得意とする育成をかけ合わせたところ、市場でも大きな反響をいただきました。テーマによってはエントリー数が想定の5倍もあり、Academy受講から入社に繋がった人も想定以上でした。

——中途採用は市場から持ってくるだけでなく、社外の候補を育てることでも担保するイメージでしょうか？

はい。中途採用においては、即戦力となる人材は各事業部で採用活動を進めつつ、全社的な取り組みとして「Academy」のような育成型の採用をこれからも並行して行う予定です。

当社では、エンジニアの学び推進・キャリアアップ支援を行う組織「リスキリングセンター」を設立するなど、学びの場を提供したり、社員のスキルアップの機会に繋がる取り組みを積極的に行っているので、育成×採用というフレームは相性が良いと実感しています。

——新卒採用はいわゆる新卒一括採用なのでしょうか？

今まではいわゆる通年採用のかたちをとりつつ、年間で2回採用の山（ピーク）をつくるという形式をとっていましたが、24新卒からは8月にエントリーを開始して通年で採用の窓口を開けていくことにしました。

また23新卒からは、社会人として既に就業している方に向けた新卒採用「Re:Career採用」もスタートしました。

新卒採用活動をしていると、学生に限らず、若手エンジニアと出会う機会があったり、就活時代に出会った学生と再会するといったことが起こります。それぞれの活躍を耳にすることが出来るのは人事冥利に尽きるのですが、キャリアについて悩んでいる姿を目にすることもあります。

そして、悩んでいる当事者と話していると「状況を打破するためにチャレンジをしたいけれど、入社1～2年も経たないうちに転職できるスキルがあると思えない」といった迷いを抱えていることもわかりました。

昨年もそのような若手エンジニアと出会う機会があり、

新卒としてチャレンジすることを勧めてみたところ、縁あって入社に繋がったのですが、その後本人からやりがいを持って仕事が出来ていると聞いたり、配属先からも良い評価をされていることを確認できたことから、きちんと門戸を開きたいと思いました。

新卒採用というと、その年に卒業した人が対象だと思っている人が多いと思いますが、該当年に入社が出来るのであれば、社会人経験がある方も本来は歓迎しています。しかし意外とこの実情を知らない人も多いため、改めて「Re:Career採用」という新しい枠組みを作りました。

――新卒エンジニア採用において、サイバーエージェントではどんな人材を求めているのでしょうか?

新卒エンジニア採用においては、足元の技術力だけでなく、入社後の伸びしろも重視しています。

我々が定義している伸びしろ人材とは、将来的に「会社・組織・チームを牽引できることができる人材か否か」です。それを測るために大事にしていることが3つあり、

1つ目が「信頼できるパーソナルを持っているか」です。言っていることとやっていることに矛盾がなく、しっかりとアクションを起こせる行動者であるかが大事だということです。

2つ目は「周りがついて行きたいと思える人物か」です。オーナーシップ・フォロワーシップのマインドを持ち合わせていることは、チームで開発を進める上で必要不可欠だからです。

3つ目は「素直でいいやつであること」です。これはイエスマンということではなく、物事の変化や周囲の意見を素直に受け止めることができ、変化に柔軟に対応できる人であることを指しています。

この3つが備わっている人材であれば、入社後活躍できる組織だということです。

――サイバーエージェントは技術コンテンツの発信が強いイメージがあります

技術ブランディングも強化しています。エンジニアブログの運営や、外部向け技術カンファレンスの開催、AI／データ領域における取組みを様々な角度から知ってもらうための「AI／Data Technology Map」の作成など、エンジニアが主体となって取り組む施策も数多く存在します。

外部向けカンファレンスについては、サイバーエージェントが携わる様々な領域において、これまで積み重ねてきた挑戦の中で得た知見や、最新の取り組み状況などについて、発表する機会を定期的に設けています。若手エンジニア・クリエイターが主催する「CA BASE NEXT」、サイバーエージェントのトップエンジニアがお届けする「CyberAgent Developer Conference」は、業界内でも大きな反響をいただいており、今年開催したカンファレンスはいずれも6000人超の方にご参加いただいています。

——競合他社にも「技術力の高い会社」として学生に意識されている会社はあると思います。そういう会社も採用では多少は意識しているんでしょうか。

「技術力の高い会社」というのはもちろん意識はしています。ただ、足元の技術力が高い人のみが集まる会社というよりは、これから技術力が高くなるであろう人も集まる会社を目指していきたいと考えています。

我々は、新卒をちゃんと育てる文化があります。内定者が入社するまでの期間、社員同等の実務が経験できる「内定者アルバイト」の制度や、現場配属後にトレーナー社員がつき、一人ひとりの特性に合わせて育成計画を考え、一日でも早くひとり立ちできるよう実務を通してサポートする「トレーナー・トレーニー制度」などがその一例です。

また、手を挙げる人には積極的にチャンスが巡ってくるカルチャーがあります。経験が浅くても、ポテンシャルのある人に挑戦機会を与えて成長させて、育成していく。これが弊社の考え方です。

足元の技術力が高い人だけでなく、伸びしろ人材を見極めて採用し、しっかり育てていく、核として育て上げる引っ張り上げるというのが会社の考え方です。

――伸びしろ、定着を重視するっていうようなスタンスですよね。

伸びしろは重視していますね。ただ、定着に関しては難しいところです。というのも「エンジニアが一つの会社で長く」というのが、今の時代とマッチするのかは考えなくてはいけません。

ただサイバーエージェントは100を超える子会社を抱え、事業も多岐にわたるので、実現できるキャリアの幅が広い会社であることは確かです。社内異動制度やキャリアアップ支援も充実しているので、それらをうまく活用してサイバーエージェントの中で、それぞれが思い描くキャリアを実現してもらえると嬉しいですね。

また「年功序列は禁止」を掲げているため、若いうちから裁量ある仕事を任されたり、チャレンジする機会は非常に多い会社です。挑戦を促しつつ、安心して長く働けるよう、実力主義型の終身雇用を謳っているのも弊社の特徴の1つだと思います。

――現場に権限を渡す中で、人事の仕事はどういうものになるのでしょうか。

採用人事としては市場のキャッチアップ、採用文化の醸成、採用戦略立案というところはすべきだと思います。それらを踏まえて、どう現場とコミュニケーションをとって、どういう体制でどういうふうに巻き込んでいくかが大事です。

数年前から半期に一度、採用共有会というものを行っています。現場のエンジニア社員に対して、定期的に採用戦略や採用進捗を話すというものです。共有会における資料は多いときには100ページを超えることもあり、準備がとても大変です。しかし、現場社員のコミットメントを高めるためには、背景や目的、狙いなどをしっかりと説明することがとても重要になってきます。毎回参加者にアンケートを取りながら、内容をブラッシュアップし、現在まで続けてきたところ今では毎回200名のエンジニアがこの共有会に参加してくれるような状態になりました。また、この共有会の場で際立った成果を出してくれた社員やお手本となる活躍をしてくれた社員に対しては表彰をして光り当てをしています。

良い採用をするためには、現場の協力は不可欠ですが、ただ依頼するだけでは思い通りにはいきません。多くの現場社員を巻き込んで成果を出せるようにするために、モチベーションや稼働をコントロール・マネジメントをするのも人事の仕事の一つだと思います。

また、学生との対話は人事の仕事の重要なものの一つとして考えており、中でもキャリア相談は欠かせないと思っています。学生の中には就活のときに初めて自分のキャリアについてしっかり考えるという方も少なくはありません。何がやりたいのか、なぜやりたいのか。その辺りの考え方のプロセスをアドバイスしてあげたり、壁打ちを人事がしてあげることで、キャリアの道標になれればいいなと考えています。企業に所属する人事にとって、自分の会社に採用することはもちろん大事ですが、ミスマッチが生まれては双方にとってメリットがありません。彼ら・彼女たちのキャリアを第一に考えたとき、場合によっては他社をおすすめするようなこともあります。それぐらい人事一人一人が学生に寄り添っています。

——我々の書籍も「人採って終わり」ではよくないということを取り上げています。

我々も、新卒採用して事業部に配属までしたら、あとは事業部任せみたいな時代もありました。ただ、近年はそこから採用と育成を一気通貫で続ける必要があるというふうに意識が変わりました。

配属後の育成を各事業部に任せきりで、成長具合やコンディションを把握できていない状況を変えるため、改善を進めているところです。具体的には、グレードや年次にあわせて望ましい状態・目標を定義して、その達成度合いでネクストアクションを考えるということをやっています。

——全然現場に裁量がなくて、人事主導でいざ現場配属時にミスマッチという企業は少なくないと思います。

まず、お互いが幸せにならない採用はあまり意味がないと思っています。企業にとっても候補者にとってもミスマッチは減らすべきで、取り組んでいます。

人材のミスマッチについては、ここ最近減らせてきているように感じます。常務執行役員（技術担当）の長瀬から、ミスマッチをゼロに近づけてほしいという話がありました。そこで、役員面接の前に、採用責任者である私が全員面接をすることにしました。長瀬と評価基準をすり合わせて、ダブルチェックを行うことで、ミスマッチになり得る人材の見極めを強化しました。ここ数年で長瀬と私の評価のズレもほとんどない状態になってきたので、今後はダブルチェックではなく、どちらかの面接で最終ジャッジを行い、選考の効率化を考えています。

新卒のエンジニア採用では昨年まで面接を5回やっていました。エンジニア採用だと多い方だと思います。

——5回。珍しいですし、大変そうですね。

回数が多いことの発端としてはミスマッチをゼロにする。しっかりと選考基準を明確化して構造化面接して、本当に必要な人材を採れるようにすることが目的でした。

また、コロナ禍で学生が企業の人間から直接話を聞いたりする機会も減り、会社理解が難しくなっていることに不安を感じている学生も多いことを知り、その不安を軽減できないかというのも背景にあります。

弊社は展開事業の数も幅もかなり多岐にわたっています。面接回数が少なすぎると、候補者側も会社のことを理解するのは難しいです。オペレーションは少し増えてしまいますが、会社を知らないから生じるミスマッチは減らせるのではと考えています。

今後は同じ精度を担保しながら、選考フローを短くすることにチャレンジしていきたいです。

——小規模な企業はミスマッチ軽減に長期インターンを

活用することも多いです。サイバーエージェントでも長期インターンを活用していますか？

長期インターンもしっかりと行っています。長期インターンをきっかけに入社を決めてくれる方も2割～3割ほどいるので、今後はこの割合を増やしていきたいと思っています。

幸いなことに、現場が育成にすごく協力的なので、インターンの受け入れはかなり積極的にやっています。長期インターンだと、年間で80名程度の受け入れ、短期インターンも含めると年間で200名近くの学生を受け入れています。

それに加えて内定者の9割近くが内定者アルバイトを経験しています。

内定者アルバイトやインターンでは複数部署を経験してもらうこともあるのですが、学生と現場が双方を知り合うことで、適切な配属に繋げられることに加え会社理解にも結びついています。

内定者アルバイトも配属もずっと同じ部署で、その部署のことしか知らない状態を生み出すのは我々の望むことではないので、他の事業部で就業する機会を与えたり、内定者アルバイト以外で他の部署を知る機会を設けたりしています。

――中途の話にまた戻るんですが、社内異動に対する仕組みもかなり先進的ですよね。

サイバーエージェントには、年に2回、挑戦したい他部門またはグループ会社への異動にチャレンジできる社内異動公募制度「キャリチャレ」が存在します。当社では定期異動は基本的に行っていないため、自らチャレンジしたいことを伝える場として、半年毎に応募期間が設けられています。

「キャリチャレ」の一番の特徴は本人が手を挙げて宣言ができること。応募後は、適材適所を実現するキャリアエージェントという組織と面談を行い、異動が行われます。

ただ会社が大きいがゆえ、人によっては社内異動と転職のハードルが変わらない状態になっていることも事実です。特に中途入社メンバーは事業部採用が主なため、所属部門に対する理解は深いけれど、それ以外の部署のことはよく知らない、といった状態に陥りやすいです。

キャリアチェンジを考えたとき、他の事業部を見ずに辞めてしまうのは新卒・中途問わず惜しいので、社内に目を向けてもらうための対策の一環として、中途採用におけるオンボーディングの強化を進めています。

——我々の書籍では、労働人口の減少で採用が難しくなると考察しています。IT業界の採用は今後どうなっていくとお考えでしょうか。

昨今「IT人材不足」がさまざまな業界で叫ばれています。経済産業省の試算によると、2030年には約79万人もの人材が不足するという予測もあります。このような背景から、新卒・中途問わずエンジニアの需要はますます高まり、採用市場もより激化すると想定しています。

この課題については、当社も随分前から問題意識を抱えており、2018年にはサイバーエージェント、DeNA、GMOインターネット、ミクシィの4社で『企業の垣根を越えて、日本のIT産業の発展を後押しする』とビジョンに掲げる共同プロジェクト「BIT VALLEY」を立ち上げました。ここではテックカンファレンスの開催や、小中学生に対してITの魅力を伝えるためのプロジェクトを発足させるなど、IT業界やエンジニアの魅力を伝える活動を行っています。

将来のエンジニアを増やすためにエンジニアの育成をミッションにする会社と一緒に協力していくとか、エンジニアという職業を早くから知ってもらうきっかけを与える機会をつくるというのは各企業が一丸となってやっていく必要があるのではと考えています。

——ありがとうございます。最後にまとめてのメッセージをいただけないでしょうか。

弊社の考え方として、社内外問わず学ぶ機会を提供して業界全体を盛り上げていきたいと思っています。挑戦機会を与えることで、人材を育成していくという考え方を大切にしているからです。

また、サイバーエージェントは「新しい力とインターネットで日本の閉塞感を打破する」というパーパスを掲げています。弊社の良さの一つでもある、育成カルチャーを生かして、業界全体に挑戦の機会をつくりだし、貢献できればと考えています。

APP.

地方でも採用できます――中国・四国エリアで採用に成功するホテル企業

インタビュー：中田知彦（株式会社サン・クレア 取締役社長兼COO）栗田康二（人材戦略パートナー）／聞き手：加勢犬

今までにない地域密着型の新しいホテルを展開する、株式会社サン・クレア。本社は広島県福山市で事業展開は中国・四国エリア、従業員数は150人に満たない中小企業がなぜ先進的な事業を進めていくスタッフを採用できるのか。コロナで大打撃を受けたホテル業界、その中で採用を前にすすめる方法をうかがう。

――地方の中小企業であるサン・クレアさんがどうやって採用で成功してきたか教えてください。

（中田氏）私たちは「今までにない新たな宿泊業態」を目指し、ホテルを運営する企業です。もともとは広島県福山市、愛媛県宇和島市で30年ビジネスホテルを運営してきて、現在は先進的なホテルも運営しています。愛媛県松野町で運営する水際のロッジは、人口270人の限界集落、四万十川源流のすばらしい自然の中にある客室が10室しかないユニークなホテルです。私はホテル業界経験者として、サン・クレアには2007年から参加しました。ビジネスホテルの改善、新しいホテルの立ち上げに携わってきました。現在はホテル事業の責任者です。

（栗田氏）私はHR業界での経験をもとに、サン・クレアに2018年に入社し、新しい採用の立ち上げを担いました。現在は人材戦略パートナーとして独立して、継続してサン・クレアの採用や育成の支援をしております。

（中田氏）2018年ごろから、先に挙げた水際のロッジのような新しいホテルをつくっていくために、新規事業の立ち上げを担える人材の獲得に動き出しました。正直なところ、最初はうまくいきませんでした。我々に採用のノウハウがなく、サービスを導入しても使いこなせない、魅力を伝えきれない面がありました。そこで、最初期に採用のプロとして、栗田さんに入ってもらいました。

（栗田氏）先進的なホテルをつくっていくには、今までホテル業で培ってきたスキルや筋力とはまた違う部分が必要です。今までの採用の延長線上でやっても、我々がほしい人が来なかったんですね。そこで、2018年に人事として参加し、採用を推し進めました。

――人員確保で苦戦する話をホテル業界でもよく聞きますが、どうやって魅力的、先進的に見せたのでしょうか。

（栗田氏）たしかに、皆さんがイメージされているホテル業の単純なフロント業務って部分だけでいくと、やっぱり面白さを感じていただく方は少ないんですよね。チェックイン・チェックアウト、清掃業務の指示票作りや清掃スタッフさんとコミュニケーションとって。非常に重要な仕事ですが、私たちが採用したい、前向きでどんどんチャレンジをしていく人たちからすると、これだけだとすぐ飽きてしまう可能性があります。なので、採用にあたってはホテルをゼロイチで作れるフェーズにあることを押し出しました。まったくのゼロから、いわゆるオープニングメンバーとして楽しめますというところですね。

単に寝泊まりするだけじゃないユニークなホテルづくり、自分自身のアイデアをしっかりとかたちにできる、ゼロイチフェーズに携われる、力試しができるという部分で勝負していました。

このとき、非常に注意をしていたのが、事実をきちんと伝えることです。ゼロイチの仕事もできるとはいえ、ホテルスタッフとしての採用だから、「フロントスタッフとしての業務があるよ」という部分の説明です。例えば「清掃スタッフ数が足りない時は、一緒に清掃することもあります」など、ゼロイチフェーズの面白さだけではなく、日々の業務のリアリティをしっかりとお伝えをしました。私もサン・クレアで人事をしていたころは、現場に立つこともありました。そこはお互いの覚悟が必要なことは説明し、ちゃんと目線を合わせました。

――広く優秀な人材を他業種からも集めるにあたって、どういうところを意識しましたか。

（栗田氏）最初期は、日本のホテル業界の課題を伝えて、そこに興味を持ってくれる人たちを探しました。海外から見たときに日本のホテルは、おもてなしなどサービス面の高い評価がある一方で、ビジネスホテルが多いハード面の課題はあると感じています。決して悪いことではないのですが、ユニットバスがあって、ベッドがあって、ビジネスパーソンが仕事をするデスクがあって、特徴的なホテルが少ないかもしれない。ここの部分を課題としてとらえて、それを求職者の方々、求人を見て下さる方に問いかけるようなかたちにしました。

――メッセージやビジョンは採用の最初期からどんどん打ち出していくのか、それとももう内定がほぼ決まっている人を口説き落とすようなイメージで使うのでしょうか。

（栗田氏）どちらでも情報は出していますが、どちらかというと後者で詳細をお伝えしましたね。最初から多くの情報を出しすぎないように注意していました。私たちもたくさん伝えたいんですよ。ただ、言いたいことを全部入れ込むと、あまりにもスカウト文章、求人票が長くなっちゃうんです。だから、あえてホテル業界の話は少なくします。

大切なのは、フレッシュで、どんどん失敗を怖がらずにチャレンジをするような人材を採用することです。そういう人たちが応募してもらうためにどうすればいいかを重視して、そこに魅力的に映るスカウト文章や求人票を意識しました。スカウト返信率を良くするため、インディードを中心とした求人からの応募を増やすために、何がいいのか。

私たちの採用ターゲットが気になってるところは、やっぱりゼロイチフェーズに携われる部分だと思っています。自分の企画力に挑戦ができること、そして採用含めてマネジメントにチャレンジができる。こういう部分を推していくことにしました。そのうえでスカウト返信、もしくはご応募があった方に対して、あらためて今のホテル業界の課題や我々の展望を伝えます。

――ターゲットにあわせて発信していくことでホテル業界、観光業界内での転職では出会えなかった人と接点が持てたんですね。

（栗田氏）「コロナ禍において、ホテル業や観光業は絶対に厳しいよね」と業界を知らない人は考えるはずです。私もそうでした。観光業・ホテル業に就職したいって方だけ相手にすると、僕たちが欲しい人たちはもういないんですよ。なので、見せ方を変えました。「サン・クレアのゼロイチフェーズでは、他のホテルでは経験ができない多様な経験ができます」「多様な経験を積める業種が、たまたまホテル業です」というようなイメージですね。

――今までと違う採用を進めると、既存の現場社員との衝突が課題になりそうです。

（中田氏）正直に言えば、新しい人材をとったことでハレーションはどうしても起きました。タイプの違う、未経験の人が入る以上避けられません。

ただ、現場の問題は最小限にできたと思っています。新しい採用がはじまる2〜3年前から自分たちが今後目指す方向と、そのうえで外部からの採用を加速させることをきちんと共有していたからです。当時は「ＡＩによってなくなる仕事」が一種のブームで、ホテルフロントなども自動化しやすい仕事として名前が上がっていました。私たちも機械にとって代わられない、人間だからできる仕事を社員にしてほしかったので、「自分だけしかできないことに注力してほしい」というのを全社に共有していたんです。また、これから会社が目指す方向性、新しいホテルをやっていくというのも早い段階で共有していました。

——中国・四国エリアに限らず、地方は若年層が定着せず、採用が厳しいこともあると思います。どういう戦略で採用にのぞんだのでしょうか。

（栗田氏）本当に特別なことはやってないんですよね。「僕たちが採用したい人材って、どういう人なんだっけ？」と現場の人としっかり議論をする。それをもとにターゲットが見る媒体がウォンテッドリーなのかインディードなのか他の媒体なのか考える。あとはそこに求人を出して、応募があったら、スピード対応。初回の面談でいいなと思ったら現場の方にパスをする。

それをいかに愚直にやるかだけです。ただただ普通の採用活動してるだけ。ただ、「普通の採用活動」部分がもしかすると特に地方の企業は弱いのかも知れません。サン・クレアは「誰かに任せている」のではなく「経営者や現場の皆さんが直接口説く」姿勢があります。そこの部分の前提のスタートラインの違いが大きな戦略の差、および結果になっているのかなとは思いますね。

（中田氏）現在は地方創生への関心も高まっていて、そういう視点で水際のロッジに興味をもってくれる方も増えましたね。実際にインターンに来てもらうと、田舎で働くのは違ったという感想を持つ方もいますが（笑）。

——最初期に、どうやって現場の人も交えて採用をうまく回していけたのでしょうか。

（栗田氏）最初にきちんと現場に話を聞きに行ったのと、リサーチしたのが大きいです。ベテランから若手まで、全員に仕事や会社についてどう思っているかを聞いてまわって、会社やホテル業界のことをインプットしました。同時にリサーチとしてリクナビネクストやインディードなどの媒体でホテル業界を調べる、あとは毎週のようにタウンワークで地域の求人情報を見ていました。

そこで、ホテル業界に限らず、多くの企業さんが自社独自の魅力をPRされておらず、社名を隠すと他の会社に転用できる求人票になっている可能性があると感じました。年間休日何日、二交代三交代かどうか、有休、給料、賞与といった情報が多かったです。もちろん大切な情報ですが、どういう商品を取り扱っているのか、どういう社員がいるのか、どういう思いで起業・開業したのかとか、そういうオリジナルの情報があまりにも少ない印象を受けました。

現場に聞いて回ってサン・クレアで活躍している人ってこういう人たちが多い、一方で調べてみると世の中に出ているホテル求人はこういうふうな見え方多いなとギャップを明らかにしたんですね。そこのギャップから、僕たちは人で勝負したい、そこを出して採用したいと方針が固まりました。

——なぜ人に注目するようになったのでしょう。

（栗田氏）コーポレートサイトにもいろんな求人票にも「働く人が魅力的です」と書いています。人を推すのは、世の中にある普通の求人票と変わらないという意見もあると思います。

当時、話を聞く中で、給料が安いとか、お休みが取りにくいとか、結構ネガティブな意見もあったんですね。けれども、そこで同時に皆さんおっしゃっていたのが、「そうなんですけど、サン・クレアにいる人って、人が良いんですよね」「陰口をあまり言わないとか、ありがとうって言ってくれる」みたいなことなんです。これ一人だけのフィードバックだったら、そこまで重視はしないんですけど、多くの方に言われたんですよ。こういう事実があるので、サン・クレアとしては、やっぱり人で勝負するっていうのをメインテーマにすることになりました。

（中田氏）もともと、人を大切にする会社ではあったんです。ホテル業は接客など「人」がつきまとう仕事です。そこを意識して、「人」にコミットし、人材育成をがんばっていました。

――離職率についてもお聞かせいただけないでしょうか？

（栗田氏）お互いが面接時にすべてオープンに話をしたうえで、お互い覚悟をもって合意形成をしたあとでも、残念ながら退職につながることはあります。

例えば、水際のロッジ、「8月9月、今週1日の休みがとれたらよかったねのレベル感」「繁忙期と閑散期で給料に15万円以上の差がある」など、できる限りリアルな情報をお伝えします。

離職率、低いにこしたことはないかもしれないです。ただ、ちゃんとメッセージを伝えた上で、それでもズレがあるなら仕方ない。僕たちの情報の不足であればお詫びするし、その離職から、より良い採用活動のために何ができるのかを一生懸命考える。その繰り返しだと思っています。

――そういったズレを埋める、ギャップを埋めるためにどうしているんでしょうか？

（栗田氏）やはり入社する前の段階です。面接の段階で会社のいろんな人とお話をしてもらうだとか、良い部分と課題の部分をオープン前にしゃべる、これは徹底してやっていきます。

（中田氏）最近はインターンを活用しています。実際に一緒に働くと、ズレはかなり軽減できると思います。働き方があわなかったというようなミスマッチを軽減できますし、求職者の方の履歴書にも傷がつきません。

――インターンについてお聞かせください。

（中田氏）私たちのインターンは、「1週間程度遊びにおいで」と言う感じで、実際に水際のロッジに来てもらいます。簡単な仕事を手伝ってもらっていますが、特に力を入れているのは一緒に過ごすこと、食事や会話です。一週間、ほとんどの時間を一緒に過ごし、同じ釜のご飯を食べて、お互いのやりたいことや課題を膝を突き合わせて話します。

スキルは見ておらず、私たちと合うかというところを主に見ています。そこでマッチするなという方を採用していきます。比較的短期間でお互いに見ていけるので、双方にメリットしかないと思います。

今「水際のロッジ」の選考にあたっては、新卒でも中途でも、実際に現場へきてもらって一緒に仕事を経験することが必須ですね。

――選考にあたっては、どうやって見極めているんでしょうか。

（中田氏）私も本当に多くの方と採用面接をしてきました。その結論として、「面接じゃわからない」です。面接の感触の良し悪しが、実際に現場で活躍するかどうかと全然一致しないんですね。

ただ、インターンで一緒に働くと活躍してもらえるかもわかりやすいです。だからインターンを重視しています。チームメンバーにどういうケアができるか、思いが本物か、一緒に働くと多くのことが見えてきます。ホテル業ということをもあって、ある意味で共同生活というか、ともに過ごす時間は長いです。インターンをすると、どういう人なのか/どういう会社なのかより深いレベルでお互いに理解しあえます。

――ビジョンのお話を聞かせてください。

（栗田氏）給与や休日などの条件だけではなく、何を目指すのかというビジョンがなければ、最近は母集団形成すらできないのは体感としてあります。現状から少し離れた「理想状態」を語るところからで良いと思っています。今まだ実力ないけれども、この一年間で仲間を集めて来年にはこういう状態にしたい。その課題感とか目指す姿に楽しさを覚えて応募してくれる人もいるからです。

単に寝泊りするだけじゃない、地域とコラボレーションしたホテルをつくりたい。地域全体巻き込んで、まちづくりに貢献できるカンパニーを目指す中でいろいろ試行錯誤して、人口4000人、愛媛県松野町の「水際のロッジ」

でがんばろうということになりました。そのためにサン・クレア代表の細羽さんは松野町に移住されました。「ビジョン実現に向けて、家族で移住しちゃう経営者がいます」というのは、ビジョンを示し、理解してもらう上ですごく大きいです。

（中田氏）代表取締役の細羽はもともとホテル事業も見ていたのですが、現在は地方創生事業を主に進めており、私は後任としてホテル事業の責任者になりました。責任者が変わっても、引き続きビジョンは大事にできています。私が細羽と一緒に働いて15年、今もしっかりコミュニケーションをとっているのでビジョンや価値観というのはしっかり共有できているんですね。

私自身も、月に20日前後を松野町で過ごしていて、経営陣とも現場ともコミュニケーションをしています。いま水際のロッジで働いている人には「By Nameで生きろ」というフレーズをよく言っています。これは「自分の名前だけで通用する、自分にしかできないことがある人になってほしい」というメッセージです。現場はこのメッセージのもとで、それぞれ自分で考えながら動いてくれています。方向性やメッセージがきちんと伝わっていると思います。

――コロナ禍の採用への影響を教えてください。

（中田氏）ホテル業・観光業への打撃は少なくありません。私たちは事業の拡大期で大きな影響がありましたし、最初の緊急事態宣言時には全ホテルを休館する対応もしました。ただ、そこで営業ができなくなったことで、忙しかったスタッフ同士が対話する時間がつくれたんです。この機会があって改めて、自分たちがどういう組織にしたいか、どういう人材が欲しいかを突き詰められました。

どんどん自由な組織にシフトしていく中で、そこに生じる責任にきちんと向き合える人。熱量、WILL（意志力）が大きい人がほしいということで方向性をはっきりできました。結果的にはポジティブな効果もあったかなと。

――最初期に採用を進めた栗田さんが退職して、現在は採用体制はどう変わってきているのでしょうか。

(中田氏) 採用体制も進化してきています。最初期は採用のプロとして栗田さんに人事で入ってもらって、大きく前進しました。今は「優秀な人事一人に頼る」体制から、「自分のチームは自分でつくる」採用に移行しています。

よくある採用は、部門マネージャーなり人事なりが人手不足で求人を出して、その人と役員などが面接して採るというスタイルですよね。これだと実際には一緒に働かない人ばかりで採用しているんですけど、本当は「実際に一緒に働く人」が見たほうが良いんですよね。そこで、サン・クレアでは現場のスタッフに面接に入ってもらっていました。こうすると見る方もしっかり見て、自分が選考したからということで現場入ってからも責任持って見てくれます。

「自分のチームは自分でつくる」採用は、このシステムをさらに拡張しました。採用の最初、求人票をつくる部分から現場の方でもチャレンジできるようにしています。自分のチーム、自分がやる仕事で採用が必要だったら、自分の責任で採ってくださいというかたちです。最終的なジャッジでは役員以上の人間も入りますし、この形式を取るのは求人票作成のうちの一部ではありますが、現場の裁量が大きいです。

採用を一貫して現場に任せると、面接の本気度もあがるし、自分が選考した相手だからきちんと教えようと現場での教育の効果も高くなります。入ってくるほうもモチベーションが高くなります。現場が一層採用にコミットするようになり、一層マッチする人材を取り込めています。

人材育成の要は採用だと思っています。いい採用ができると、教育もより効果が高くなります。

——採用後に現場で活躍してもらう、いわゆるエンプロイーサクセスのために意識していることを教えてください

(中田氏) 先ほどの現場主導の採用もそうですが、とにかく現場に権限を移譲しています。予算や売上管理のレベルで現場に決定権があります。現場に権限移譲してうまくい

くのはＷＩＬＬのある人を採っているからです。彼らはプロフェッショナルの意識が強く、どうやって自分の仕事で社会貢献できるか考え、そこからこちらが指示しなくても能動的に動いてくれます。

また、宿泊業としてはかなり珍しいのですが、ホテルの休館日を増やして、その分社員のパラレルキャリア的な働き方を推進しています。ホテル業×藍染、ホテル業×キャンプ事業というようにホテル業と自分たちの興味のある事業を社内で両方やってもらっています。週末はホテル勤務、平日の２日間は各社員の興味のある事業……というように原則週休二日を崩さずにキャリア開発もできます。こういう働き方をしてもらうことが体験（顧客単価）の上昇、新規事業の創出、働きがいの向上につながって会社にも従業員にもメリットがあるかなと考えています。

■ 水際のロッジの外観

APP.

ベテラン企業の新しい採用——採用の質を変えていく取り組み

インタビュー：西島 悠蔵（株式会社土屋鞄製造所　採用担当）／聞き手：加勢犬

高級ランドセルなどハイクオリティな革製品で知られる土屋鞄製造所。50年以上の歴史を誇る土屋鞄製造所はこの段階で採用を変革、加速させている。ベテラン企業の新しい採用を、全社の採用を統括する西島さんにうかがった。

——土屋鞄さんは、現在は採用成功企業として各種メディアに取り上げられています。そもそもの採用の課題をお聞かせください。

新卒も中途も課題だらけでした。消費者の知名度は高かったんですけど、採用ターゲットとズレがすごく大きかったんですよ。

知名度がある分野は主にランドセルです。これは、ちょうどママさん世代とか、ご家族を持った方々で30代後半から40代が中心です。鞄とかランドセルのイメージはあっても、採用、一緒に働くところとはターゲットがずれていました。

若い世代には他社さんと間違えられるなど、学生には特に知名度がない状態でした。

実際に僕が入社したとき、採用ターゲットからの認知度の低さが如実に出ているなと思ったのは、新卒の応募経路が100パーセントホームページ経由だったんです。これはある種すごいことですけど、やっぱり自社ホームページだけだと応募者は50人ちょっとまでしか集まりません。その中から選ぶという感じでした。

中途は、当時は、基本的にエージェントさんと二社契約をして、あとはリクナビネクストとかにちょこっと出すという進め方でした。

これだけだと、事業を推進していく、ドライブをかけていくような人材は採用できないと。新卒でも中途でもシンプルに採用したい層にタッチできていなかったのが最初の大きな課題でした。

——そこからどうやって筋道を立てていったのでしょうか？

新卒採用は、我々を認知していて自分たちがターゲットにしている人しか採用ができてないのが課題でした。いかに認知をしていない人を認知させて土屋鞄に興味を持ってもらえるか。この数年間は認知度、まずは知ってもらうことを課題として大きく置きました。

今までデザイナー、美術大学の学生とはコミュニケーションをとっていたんですけど、一方でビジネスというか総合職的な部分は弱かった。そこを知名度上げていくとともに、採用を強化しましょうねという話を、私が入ってから一番最初に社内でしました。

中途採用は目線を引き上げるというのが最初の課題でした。最初私が採用に入ったときは上から「今まで取っていた人に近い人を採用したい」と言われたんですが、それだけだと欠員補充での採用にしかならないんです。これだと企業の事業成長にはやっぱり繋がりづらい。

言い方が極端ですけど、年収300万の人を3人とるよりも、900万1人とった方が事業は大きく動く可能性があります。後者のいわゆるハイレイヤー、部門長クラスの採用は課題でしたね。

定着率とか離職率みたいなところは、弊社は優れていました。定着率が無茶苦茶高いんですよ。なので、そこはまったく心配せず、採用に集中できました。

——知名度だと、スイカ専用鞄（スイカを入れるための

です。

過去10年ぐらいはシンプルに売上が伸びていていたので、それに伴って人数も増やしてきました。それとは別に、特に、この2～3年は大きな変化があります。

会社のスタンスが、売上上がっているからいいよねではなくて、自分たちで「日本のブランド」を育てていきたいと変わりました。そこから採用の中身、組織の中身を変えていくフェーズに入っていったと思います。

この2～3年はそういったところを意図的に変えるために、人事部の人材はほとんど入れ替わり、私が新たに作り変えました。社内報とか社内のコミュニケーションメインの部門も同時に立ち上げて、結構アクロバティックな動きを一気にとっています。

――どういうチャンネルで今は応募者の方と繋がっているんでしょうか。採用する人材が変わる以上、そこも変わってくると思うのですが。

靴）とかデジタル受けするネタが多いですよね。採用サイドでブランディングもやっているのでしょうか。

あれはブランディングのチームの成果で、採用はそこに乗りました。

土屋鞄は今まで比較的知る人ぞ知るブランドっていうイメージが強かったのを、メジャーに広げていこうという動きがありました。そこで、日本橋、六本木、渋谷のようなメジャーなエリアへの出店などブランディングを強化しました。

スイカ鞄もその延長線上にあって、ブランド目線での知名度を上げるのが主目的でした。

認知をしてくれる学生はすごく増えましたし、実際にInstagramで見て興味を持って受けてくれた海外の学生もいます。

――貴社はどんどん従業員数も増えていて、２００７年には社員数20人以下だったのが、現在は従業員６００人超最初は人材紹介エージェントさんを広げました。中途で必要なポジションを採用していくため必要でした。エージェントさんはもともと二社ぐらいの契約だったのを40社ぐらいまで広げました。その中で、特にコミットしてくれるエージェントに今は資源を集中しています。

次に考えていたのが、メディアをどうやって使っていくかです。Wantedlyはこのタイミングで一気に力を入れていきました。理由が一つ大きくあって、自分の中で転職をする人はあんまり転職情報サイトを使っていないという感覚があったのです。そこに投資するよりも別の形で会社を出していけるような媒体を使いたいと思っていました。

第一段階はエージェントの数を増やす、第二段階でWantedlyはさんのようなメディアにちょっと広げていく、さらに第三段階でソーシャル（SNS）の活用に進めていく施策で考えていました。

それを一気に半年ぐらいで、垂直立ち上げで動きました。

――施策も移り変わっていくのですね。

それぞれフェーズがあると思います。最初はピンポイントではなくて、マスから拾っていく。最初期は就職情報サイト、転職情報サイトを使うのは一番いい戦略だと思います。

中途に関しては、そこから、ピンポイントで採用するならエージェント広げなきゃいけないと思ってエージェントばんと広げました。その次のタイミングでダイレクトリクルーティング。Wantedlyはならそこができそうなので使いましたね。最後は自分たちでどうにかする、ソーシャルリクルーティング、Twitterとかを使う段階です。中途はこの採用の形を半年ぐらいで立ち上げられましたね。

新卒に関してはナビサイト、エージェントの利用、イベントに出ていくところもかなり積極的にこの2年ぐらいはやりました。＋αでいろんなところでコミュニケーションが取れるように、Twitter、ソーシャルリクルーティングに近いところにも挑戦しています。

新卒は中途と比べて周期が長いので、まだまだ就職情報サイトや掲載料を払うメディアは使っています。もう少し、知名度が上がってきて、エージェントさんの協力を得られるようになったら、多分フェーズも変わってくると思います。

――新卒はまだまだ就職情報サイトが強いのですね

はい。ただ、就職情報サイトに頼るのは今年までとは話しています。

就職情報サイトは利用者数が多い分、採用する数は少なくありません。ただコンバージョン率を考えると圧倒的に低い。いいところもありますが、労力の割に得るものが少ないです。

かつ、学生さんも就職情報サイト離れが進んでいます。少し違うかたちで学生とのタッチポイントをつくりたいです。

――具体的に情報収集の仕方が変わっているのはどういうことなのでしょう?

デジタルネイティブな、特にSNSのソーシャルネイティブやジェネレーションZと呼ばれる世代は考え方が違います。凄く合理的な学生が多いなと思います。

就職情報サイトは選択肢を広げる、自分にない可能性を広げるという用途において、かつてはすごく時代にフィットしていました。

一方で今の世代、もう情報があふれまくっているので、いかに無駄な情報を避けていくか、自分の好きを追求していくかみたいなところが結構強い世代なのだろうなと思っています。

彼らが楽しむTikTokとかYouTubeの動画は短い時間でいかに効率よく情報を得るかに特化している。タイムパフォーマンスの意識がすごく高いのだろうなと。だから、無駄な情報が多い、就職情報サイトを好まないのではないかと考えています。

――ソーシャルネイティブな若者たちは、欲しい情報に直接つながるタイムラインを作っているということでしょうか。

はい。SNS、特にインフルエンサーから得る情報の価値がすごく高い。

新卒でうちに入社をしてくれる学生にアンケートを取っているんですが、就職に際して意思決定や認知でどこを参考にするかが興味深かったです。一番多いのが就職情報サイトじゃなくて、先輩とか同期とかのクチコミなんです。加えて、中盤ぐらいにあるのが、就職活動においてのインフルエンサーから聞いた情報です。

――やはりソーシャルなつながりを重視しているのですね。候補者の情報収集から変わっていく中でどういう対策をしていくのでしょうか。

Twitterアカウントを新卒採用のためだけに作りました。これだけで、インタラクティブなコミュニケーションが非常に取りやすくなったんです。

Twitterはまだフォロワーも千人程度で、決して数字が多いわけではないです。でも、説明会終わったあとに、TwitterのDMに結構な数の質問が来るんです。説明会では質問ができなかったけど、改めて受けるってなったら聞いてみたいって質問がものすごく多くてですね。こういうコミュニケーションができるのは、Twitterをやっていてよかったなと思っています。

最近だと情報発信も新卒採用のTwitterでしています。土屋鞄製造所の情報発信は、鞄やランドセルなど製品やそのブランドに関するものが多かったです。中で働いている人の思いとか、考えとかあんまり外に出づらかったので、それはTwitter、もしくはWantedlyで出すことを意図的に進めました。

情報発信の場所を考えないといけない、適した場所で情報を伝えるべきという課題があったので、そこには対応できました。

今後の展望としては他SNSへの展開と、社内の若い世代の抜擢ですね。

Instagramを活用できないか検討しています。弊社の事業の特徴を考えると、TwitterよりもInstagramのほうが相性はいいんだろうなと思います。学生のメインソーシャルはややTwitterからInstagramに流れている感覚もあります。Pinterestで情報収集している若者もいます。

Twitterは、内定者バイトに運用をお願いしようかとも考えています。僕らが考えるよりも若い世代がやったほうが上手です。

なるべく早く動きたいと思っている一方で、InstagramにしてもTwitterにしても採用としての情報発信がブランドを傷つけることのないように細心の注意が必要です。

——SNSや他メディアでの露出を増やすに当たって、発信の強みはどこにあるのでしょう。

客観的にみていいところはクリエイティブチームが社内にいることだと考えています。あとは新人もクリエイティブに加わっていることですね。

社内のクリエイティブチームに採用の資料を任せています。一部Webサイト、学生向けインターンシップのサイトなどを新卒も交えてつくってもらっています。ブランドと採用のメッセージが融合しはじめると良くなるなと思っていて、そういう意味でも社内のクリエイティブチームは望ましいです。

実は以前は採用資料のクリエイティブは私の採用のチームでまとってやっていました。例えば採用のピッチ資料、パンフレット、Web運用ですね。ただ、やはり本職のデザイナーの方がクオリティは高いんです。そこで、内製で、クリエイティブチームにお願いすることにしました。

新人もクリエイティブに入ってもらうということだと、内定者向けの研修で、採用のピッチ資料とかを一緒に学生と作りました。そういう子たちクリエイティブチームにいくと、採用の資料に前向きになってくれるんですよね。

23年卒の新卒採用に動くときには、21年卒でに採用した学生をクリエイティブチームに配属しました。

新人にクリエイティブに入ってもらうことですごくいい

相乗効果がまわるなと思っています。僕らも次の世代に資料を渡して話をするときに、これ作ったの一年目社員だよっていう話ができるんです。「一年目からこんなことができるんですね」って期待感でキラッキラした感じになっていくんです。新人を巻き込むことがいい循環になると自分の中でやりやすくなっていくなと感じています。

――我々の本でも、社員が活躍することで、次の社員にいい影響がある話をしています。歴史あるメーカーだともっと最初は修行とか、下積みだけのイメージを勝手に持っていたので、新卒からそういう形で活躍できるのは意外でした。

もちろん修行する部分は間違いなくあります。専門的なスキルとかは特にそうです。

ただ、採用において、一番僕らがターゲットにしている人を知っているのはこの世代です。マーケティングの観点では、彼ら彼女らに協力してもらったほうが圧倒的に効果的だと思っていました。実際に効果も出ています。

若手が、土屋鞄のTwitterアカウントを見て、「ずっと告知ばっかりしているんで楽しくないっすよ」というようなことをぽろっと言ったんです。そのことをTwitterに上げたらめちゃくちゃそのツイートがバズりました。

そういう新しい世代の価値観を入れるのは、凄く効果があるんです。

――いろいろな施策を行い、新卒採用にどういう変化が起きたのでしょう。

エントリー数は最初57人、次の年に2007人くらいまで増えましたし、2022年の採用は3000超えるくらいまでいきました。採用人数はだいぶ新卒に関しては増やしたので、これは成果だと思います。ただうまくいっているかはもう数年みないといけません。新卒は、採用の成功はすぐには判断できないところもあります。

あと、変化として、選考にくる学生の受けている他社がこの一年二年ですごい変わったなって感覚があります。

はじめの一年ぐらい、はじめて一年ぐらいのときって、大体かぶるのって同じぐらいのブランド力のアパレルメーカーさんだったんですよね。今、それがどう変わったか、例えばルイ・ヴィトンさんとかエルメスさんとかとブランドとしてはハイレイヤーの分野とぶつかり始めたんです。有名メーカーで内定もらっている人がうちを受けてくれることもありました。

僕の中で新卒のゴールって外資系のトップ企業、GAFAとか外資コンサルとか外資金融とかとぶつけていきたいと考えています。新卒のブランディングをあげていきたい中で、そういった変化が今起きているのは一つの成果ですね。

――それはエントリー数を減らして、よりピンポイントに質の高い学生にアプローチするということでしょうか？

新卒は逆です。どんどん増やしたいです。最終的に学生が、就職するんだったら一旦土屋鞄はエントリーしておいたほうがいいよという状態が一番いいなと思っています。

これはいろんな理由があります。（優秀な人材がとれるので）私たちの仕事もある面で楽になるのが一つ。

もう一つはここの世代が数年後にお客様になるんですよ。マーケティングでもすごく大きな投資になると思っていて、就職のときにいい経験ができたからとかあの会社が好きだから使おう・買おうと思ってもらえる機会なのです。現に説明会に来てくれて、選考はNGだったけど、すごくよかったからペンケース買いましたとか、鞄買いましたみたいな声がやっぱり出てきているのです。

――新卒採用、ここまで採るまでが話題の中心でしたが、採った後にはどういう取り組みがあるのでしょうか？

新卒でいい採用ができれば、あとは育てることに組織をコミットさせるだけだなと思っています。

弊社の場合は事前のコミュニケーションをしていたので、

受け入れる部門がものすごく覚悟を持ってやってくれていたのは良かったです。こちらから指定しなくても、育成計画とかをたててくれているんです。1カ月~2カ月でやれるようなプランを先回りしてつくってくれています。

ここから数年かけて彼・彼女育ったねという状態が作っていければ、現場も自信を持って、より育成の部分が良くなると思います。

——選考に関しては、新卒／中途どうすすめているのでしょう？

中途は他の会社と全然変わらないかなと思っています。要件定義をきちんとして、母集団形成やディレクションは人事の方でやっています。書類選考はいわゆる事業部の担当者、部門長と人事がジャッジとして入る。そのあとの一次選考と二次選考最終選考は、事業部門が中心で、人事はどこかで入るという流れです。

ちょっと新卒は変わっています。例えばエントリーシート不要の選考をしたり、面接・選考の中で人事面談を挟んだりとか、ユニークな方法を取り入れています。

人事面談はものすごくカジュアルなかたちで、学生の本音に向き合いましょうという立ち位置で、話し相手になります。これが自分たちの中では（意向度を高める）採用の強みだと思っていて、

新卒は選考としての面接をする社員と、人事面談をする社員と分けていますね。

——採用で候補者につながるチャネルとしてはどこを中心にしてらっしゃいますか。

ポジションによって異なります。いわゆるマネジメントクラス以上に関しては比較的エージェントに頼るケースが多いです。リーダーからメンバークラスに関しては、ダイレクトリクルーティングが増えています。ウォンテッドリーのスカウトも活用していますね。

また職種によっても違います。例えば鞄の職人は基本的

にホームページ経由で応募してくる人が多いです。ホームページを強化しつつ、地域密着型の採用を強化しています。

一方で店舗のスタッフに関しては、いわゆるアパレル系服飾系に強いメディアに求人媒体を出すほか。そこに強いエージェントさんとかなりコミットして進めています。

——地域密着型の戦略についてもう少しお聞かせください

長野県の軽井沢と佐久平というところに弊社の工房があります。そこの近くに鞄の修行をするような教室が結構あります。そこの人たちと手を組んで、そこで学んだ人たちを採用する試みを進めています。他には地域の学校さんと連携するとか、地域の中に根付くことをイメージして、CSR的な動きも含めながら動いています。

勤務地の関係もあり、転勤なども考慮すると地域密着型での採用は重要です。

——ダイナミックに採用を変革していく中で、課題はありましたか。

あります。包み隠さず話をすると、私の労働時間はやっぱりすごく伸びる時期はありましたし、ピーク時にはメンバーの労働時間も月で残業40～50時間ぐらいに達するようなケースが出てきてしまいました。他社と比べれば短いかもしれませんが、大きな課題でした。

エントリーが増えれば増えるほど工数はどうしても増えます。

解決策として、わかりやすいところだと、徐々に面接官を増やしています。以前は面接でジャッジをするのが僕と役員、この2人で3000くらいのエントリーに対応していたのでそれはもう大変でした。2023年採用以降はちょっと体系を変えて、面接官は2人増やして、4人でまわしましょうと。人事面談は人事社員を待たずに事業部門長とか、マネージャークラスを入れましょうというかたちで今はやっていますね。

人事面談を担当する人も増やそうとしています。

——採用の成功というのはどこで見るべきとお考えでしょうか。

一発であたりをつけるのは難しいので、今は三つくらい評価軸をおいています。

まず一つは社内評価ですね。年俸や採用経費と社内的な評価を組み合わせて判定します。社内的な評価は定性的な部分はあります。

もう一つはエンゲージメント。会社へのエンゲージメントが高ければ、生産性が高いといえるところがあるので。こちらも定性的な面はあります。

最後、事業部の売上にどれだけ貢献したか、この人は採用してどれくらいでペイをしたのかです。いわゆるROI（投資対効果）の考え方に近いです。

ROI的な考えだと、新卒に関して投資を回収するところまでの時間軸が必然的に長くなります。だから社内評価やエンゲージメントも役立てます。

逆に中途の場合だとすぐにパフォーマンスを上げられるので、わかりやすい事業部の売上みたいなところでROIを見ます。中途は即戦力になる人材を採っているので、シンプルに結果を見るまでの時間軸は短くなります。

まだしっかりと正解が見えているわけではないですし、ここは各社の人事がすごい頭を悩ませるところです。シンプルに採用コストに対して、売上や労働生産性がどれくらい上がったかというようなところを考えていくのは筋がよさそうですが、それだけで測るとすごくドライな数字になっちゃうんです。

おわりに

本書の内容は自社だけでなく多くの会社で結果が出ていることを取り上げました。少しでも実践していくことで、今まで会いたいと思っていた方に興味を持ってもらうことや、長期的な関係を築くことで採用につながる事例が出てくると思います。

インタビューに協力してくださった株式会社サイバーエージェント峰岸様、株式会社サン・クレア中田様と人材戦略パートナーの栗田様、株式会社土屋鞄製造所の西島様にお礼申し上げます。

採用で活躍する皆様にご協力いただき、貴重な経験、知見を掲載することができました。

技術評論社 野田大貴さん、長い期間根気強く伴走いただきありがとうございました。

ライティングをサポートしていただいた弓手一平さんありがとうございました。

本のコンセプト作成をしてくれた小池弾さん、社内で編集を行ってくれた加勢犬さん、奈良英史さんありがとうございました。

最後に、このような機会を作ってくれたウォンテッドリー株式会社に感謝します。

本書を通じて、より良い採用が読んでいただいた方の会社でもでき、その会社で働く方も良いキャリアが作れるマッチングに貢献できるのであれば、この上ない幸せです。

【参考図書】

＊『採用100年史から読む 人材業界の未来シナリオ』黒田真行（著）、佐藤雄佑（著）／2019年 クロスメディア・パブリッシング

＊『人事と採用のセオリー 成長企業に共通する組織運営の原理と原則』曽和利光（著）／2018年 ソシム

＊『採用に強い会社は何をしているか ～52の事例から読み解く採用の原理原則』青田努（著）／2019年 ダイヤモンド社

＊『ウォー・フォー・タレント ― 人材育成競争』エド・マイケルズ（著）、ヘレン・ハンドフィールド＝ジョーンズ（著）、ベス・アクセルロッド（著）、マッキンゼー・アンド・カンパニー（翻訳）、渡会 圭子（翻訳）／2002年 翔泳社

＊『ワーク・ルールズ！―君の生き方とリーダーシップを変える』ラズロ・ボック（著）、鬼澤忍（翻訳）、矢羽野薫（翻訳）／2015年 東洋経済新報社

＊『Hiring Geek』 https://www.wantedly.com/hiringeek/category/recruit/

［著 者］ 大谷《おおたに》昌継《あきつぐ》

1974年生まれ 東京都出身。東京大学経済学部経営学科卒業。
新卒でソフトバンク株式会社に入社後、2001年オイシックス株式会社に入社。物流責任者として基礎を作ったのち、2005年から人事を担当。2014年にウォンテッドリー株式会社に人事責任者として入社。二度の東証マザーズ上場を行い、現在採用から労務、人事制度など人事全般を業務としている。

［インタビュアー］ 加勢犬

「すごい採用」制作チーム。編集者/クリエイティブディレクター。採用、マーケティング、コーポレートブランディングまで、幅広いクリエイティブに携わっている。

■お問い合わせについて
本書に関するご質問は、本書に記載されている内容に関するもののみとさせていただきます。本書の内容と関係のないご質問につきましては、いっさいお答えできませんので、あらかじめご了承ください。また、電話でのご質問は受け付けておりません。

●本書サポートページ https://gihyo.jp/book/2022/978-4-297-13140-1
●書面宛先 〒162-0846 東京都新宿区市谷左内町 21-13 株式会社技術評論社 雑誌編集部
「すごい採用」係
●FAX 03-3513-6173

すごい採用《さいよう》 ―考《かんが》え方《かた》を変《か》えれば採用《さいよう》はうまくいく

2022年11月 8日 初版 第1刷 発行
2023年 1月12日 初版 第2刷 発行

著 者：大谷昌継《おおたにあきつぐ》
発行者：片岡 巌
発行所：株式会社 技術評論社
東京都新宿区市谷左内町21-13
電話 03-3513-6150 販売促進部
03-3513-6177 雑誌編集部

デザイン：菅谷真央、望月勇輔
イラスト：岸潤一
構成協力：弓手一平（ふみぐら社）、加勢犬、小池弾、奈良英史
組 版／本文デザイン：株式会社デジカル
作 図：株式会社リンクアップ
印 刷／製本：日経印刷株式会社
編 集：野田大貴

ISBN：978-4-297-13140-1 C0034

造本には細心の注意を払っておりますが、万一、乱丁(ページの乱れ)や落丁(ページの抜け)がございましたら、小社販売促進部までお送りください。送料小社負担にてお取り替えいたします。